Le test utilisateur asynchrone pour évaluer l'utilisabilité

Nicolas Prongué

Le test utilisateur asynchrone pour évaluer l'utilisabilité

Le cas du site web RODIN

Presses Académiques Francophones

Impressum / Mentions légales
Bibliografische Information der Deutschen Nationalbibliothek: Die Deutsche Nationalbibliothek verzeichnet diese Publikation in der Deutschen Nationalbibliografie; detaillierte bibliografische Daten sind im Internet über http://dnb.d-nb.de abrufbar.
Alle in diesem Buch genannten Marken und Produktnamen unterliegen warenzeichen-, marken- oder patentrechtlichem Schutz bzw. sind Warenzeichen oder eingetragene Warenzeichen der jeweiligen Inhaber. Die Wiedergabe von Marken, Produktnamen, Gebrauchsnamen, Handelsnamen, Warenbezeichnungen u.s.w. in diesem Werk berechtigt auch ohne besondere Kennzeichnung nicht zu der Annahme, dass solche Namen im Sinne der Warenzeichen- und Markenschutzgesetzgebung als frei zu betrachten wären und daher von jedermann benutzt werden dürften.

Information bibliographique publiée par la Deutsche Nationalbibliothek: La Deutsche Nationalbibliothek inscrit cette publication à la Deutsche Nationalbibliografie; des données bibliographiques détaillées sont disponibles sur internet à l'adresse http://dnb.d-nb.de.
Toutes marques et noms de produits mentionnés dans ce livre demeurent sous la protection des marques, des marques déposées et des brevets, et sont des marques ou des marques déposées de leurs détenteurs respectifs. L'utilisation des marques, noms de produits, noms communs, noms commerciaux, descriptions de produits, etc, même sans qu'ils soient mentionnés de façon particulière dans ce livre ne signifie en aucune façon que ces noms peuvent être utilisés sans restriction à l'égard de la législation pour la protection des marques et des marques déposées et pourraient donc être utilisés par quiconque.

Coverbild / Photo de couverture: www.ingimage.com

Verlag / Editeur:
Presses Académiques Francophones
ist ein Imprint der / est une marque déposée de
AV Akademikerverlag GmbH & Co. KG
Heinrich-Böcking-Str. 6-8, 66121 Saarbrücken, Deutschland / Allemagne
Email: info@presses-academiques.com

Herstellung: siehe letzte Seite /
Impression: voir la dernière page
ISBN: 978-3-8381-7627-7

Table des matières

Liste des tableaux

Liste des figures

Introduction

En septembre 2012, 1'734'170 noms de domaines suisses en .ch sont recensés (Switch, 2012). Avoir un site web aujourd'hui est devenu pour beaucoup d'organisations une obligation, voire une raison d'être. Mais parmi cette profusion d'offres, pourquoi les gens utiliseraient-ils tel site web plutôt qu'un autre ? Comment faire pour conserver ses utilisateurs face à une concurrence toujours croissante ?

Une bonne utilisabilité en est un moyen indéniable, et qui devient de plus en plus indispensable. Pour les entreprises, cela augmente les ventes et diminue certains frais comme ceux de permanence téléphonique. Pour les organisations sans but lucratif, une bonne utilisabilité permet avant tout à leurs sites web d'être *utilisés* ; cela empêche la fuite de leurs usagers vers les sites concurrents commerciaux, atteignables en un seul clic de souris. Cet argument est particulièrement vrai pour les moteurs de recherche en ligne, à l'instar de RODIN, qui côtoie des géants comme Google ou Yahoo.

L'utilisabilité est également un phénomène commercial. Sur le web, nombre de méthodes d'évaluation de l'utilisabilité sont disponibles, payantes ou gratuites, aussi diverses les unes que les autres. Leur principe est de mettre en évidence les éléments d'un site web affectant la facilité d'utilisation, afin de pouvoir améliorer l'utilisabilité du site. Mais comment choisir la méthode qui correspond le mieux à ses besoins, tout en considérant les contraintes financières, temporelles ou qualitatives existantes ?

La technique utilisée pour cette étude est le test utilisateur asynchrone. Quels en sont les avantages et les inconvénients par rapport aux autres techniques ? Comment préparer et réaliser un tel test, et quelles sont les erreurs à éviter ?

L'analyse d'un cas réel, le site web RODIN, permettra d'apporter certaines réponses empiriques à ces questions, appuyées par des fondements théoriques. Ce rapport débute par une description du mandat de l'étude ainsi que de l'outil analysé : RODIN. Une seconde partie plus théorique introduit brièvement l'utilisabilité et ses méthodes d'évaluation. Ensuite, la réalisation effective du test est documentée en détails, allant du choix du logiciel à la diffusion aux participants. Un quatrième chapitre présente alors les résultats du test, par fonctionnalité et par problème découvert. Enfin, l'aboutissement de ce test prend la forme de recommandations d'améliorations possibles pour l'interface de RODIN, classées par ordre de priorité.

1. Contexte pratique du travail

1.1 Le mandat

Le mandat consiste en l'évaluation de l'utilisabilité de l'interface de RODIN au moyen d'un test utilisateur asynchrone.

L'utilisabilité du système avait déjà été évaluée auparavant, notamment en automne 2011 dans son ensemble par les experts du projet ElibEval[1]. À la suite de cela, plusieurs améliorations ont été effectuées sur son interface. En principe, le développement d'un logiciel se fait également avec la collaboration de ses futurs utilisateurs. C'est donc le but de cette nouvelle évaluation : la confrontation de RODIN à des utilisateurs réels uniquement, afin d'obtenir des données objectives et neutres sur son utilisabilité.

L'analyse doit porter sur les principales fonctionnalités de RODIN, à savoir l'ajout de widgets, la métarecherche, les facettes ontologiques, les breadcrumbs, le filtrage et éventuellement la représentation graphique. Un second aspect doit également être évalué : la dénomination des composants de la page web, notamment les *breadcrumbs* et les *facettes ontologiques*. Il s'agira de tester si ces éléments sont facilement compréhensibles par les utilisateurs et de récolter des propositions de dénominations plus claires et intuitives. Cette évaluation doit être réalisée en deux langues au minimum, le français et l'allemand, car RODIN est un projet de niveau national (voir chapitre 1.2.1).

Globalement, le but est de découvrir ou de confirmer des points faibles de l'outil, puis de développer des propositions concrètes d'améliorations pour que RODIN soit plus convivial et facile d'utilisation du point de vue de l'utilisateur.

---

[1] ElibEval est un sous-projet d'elib.ch, se proposant d'effectuer des études d'utilisabilité des divers produits en ligne d'elib.ch. Site web : http://www.cheval-lab.ch/ (consulté le 04.01.13)

1.1.1 Objectifs de ce travail

Les objectifs de ce travail sont présentés ici d'une manière très synthétique :

- Évaluer l'utilisabilité de l'interface de RODIN.
- Concevoir des propositions d'améliorations pour l'interface de RODIN.
- Documenter dans les détails le test réalisé.
- Comparer les méthodes d'évaluation de l'utilisabilité en ligne avec les méthodes traditionnelles (en laboratoire).

1.2 Qu'est-ce que RODIN ?

RODIN, abréviation de *roue d'information*, est un portail de recherche web personnalisable. L'usager peut y effectuer des requêtes simultanément dans plusieurs sources du web, qu'il choisit à partir d'une liste, et ordonne à sa guise dans un espace personnel. En parallèle, il peut également explorer diverses ontologies proposées, afin de trouver de nouveaux termes qui lui permettront d'affiner ou d'élargir sa première recherche.

1.2.1 Un sous-projet d'e-lib.ch

E-lib.ch[2], ou bibliothèque électronique suisse, est un portail suisse pour la recherche d'informations à caractère scientifique (E-lib.ch, 2012). Il s'agit d'un projet national d'innovation et de coopération, allant de 2008 à 2012, dont le but est de créer un accès central aux informations scientifiques de tous genres et de contribuer ainsi au renforcement de la place scientifique suisse (Bibliothèque nationale suisse, 2011). La direction et la coordination d'e-lib.ch sont situées à la bibliothèque de l'Ecole polytechnique fédérale de Zurich. Le comité de pilotage est composé de représentants des grandes institutions scientifiques suisses.

E-lib.ch est composé d'un total de 20 sous-projets, répartis entre les principaux acteurs du paysage scientifique suisse. Ces projets concernent notamment les domaines de la numérisation du patrimoine, de l'accès à l'information et du développement de nouveaux outils de recherche.

---

[2] http://e-lib.ch/fr (consulté le 04.01.13)

RODIN fait partie de cette dernière catégorie. Il est développé depuis 2009 par la Haute école de gestion de Genève, sous la direction de René Schneider.

1.2.2 Les fonctionnalités

La figure 1 présente le site de RODIN après qu'une recherche a été effectuée. Les différents éléments et fonctionnalités y sont indiqués par des numéros :

1. Le champ de recherche principal. Il permet d'effectuer une métarecherche (une recherche fédérée) dans toutes les sources présentes dans l'espace personnel.

2. L'ajout de widgets. Un widget correspond à une source du web, comme Google Books ou Rero Doc par exemple. Dans le menu des widgets, on peut choisir ses sources et les insérer dans l'espace personnel dédié (voir numéro 3).

3. L'espace personnel. Dans le vocabulaire du web 2.0, on parle également fréquemment de *dashboard*. Il s'agit d'un endroit personnalisable par l'ajout des widgets de son choix. Il s'organise en plusieurs onglets que l'on peut paramétrer selon ses besoins. La métarecherche n'est effectuée que dans l'onglet actif (en cours de visualisation).

4. Les facettes ontologiques. Elles affichent des termes liés à celui de la recherche principale et issus d'ontologies du web. Dans RODIN, deux ontologies[3] sont disponibles :

- STW[4] (Standard-Thesaurus Wirtschaft) de la Bibliothèque centrale allemande des sciences économiques (Deutsche Zentralbibliothek für Wirtschaftswissenschaften).

- DBpedia[5], une ontologie basée sur les informations structurées de l'encyclopédie Wikipédia.

---

[3] En science de l'information, une ontologie est un ensemble structuré de concepts et de leurs relations (sémantiques, d'inclusion), au sein d'un domaine de connaissance. (Ontologie (informatique), *Wikipédia*, 2012)

[4] http://zbw.eu/stw/versions/latest/about.de.html (consulté le 21.06.12)

[5] http://dbpedia.org/About (consulté le 21.06.12)

Figure 1
Présentation de RODIN

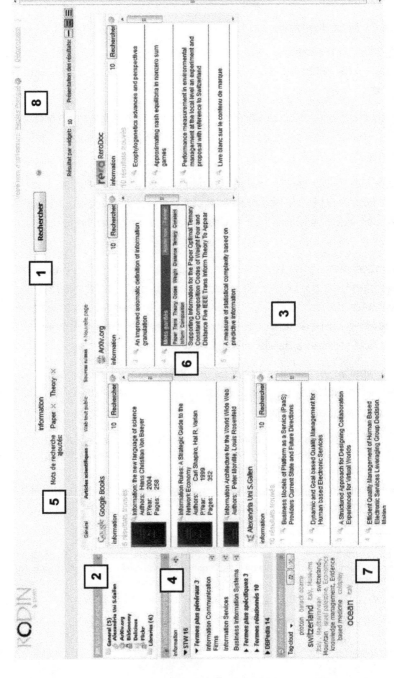

Tout l'intérêt de RODIN réside dans la mise en parallèle de l'information en provenance du web (au sein des widgets) et des métadonnées (facettes ontologiques). Ces dernières ont donc pour but d'assister l'utilisateur dans ses recherches en lui permettant d'élargir ou d'affiner les résultats en fonction de termes précis. Cette fonction est expliquée dans le point 5.

5. Les breadcrumbs, ou mots de recherche ajoutés. Ce sont des termes, issus soit des facettes ontologiques, soit des résultats des widgets, et ajoutés au moyen de la souris à la recherche principale afin de l'affiner.

6. Le filtrage. Cette fonctionnalité a pour but de proposer à l'utilisateur uniquement les termes les plus intéressants et les plus représentatifs d'un résultat choisi à l'intérieur d'un widget. Elle va donc analyser l'ensemble du document (par exemple le plein texte d'un article), puis en extraire les termes les plus significatifs, de manière automatisée.

7. Les requêtes précédentes. Cet élément affiche un historique des recherches effectuées sous forme de nuage de mots (ou *tag cloud* dans le jargon du web 2.0).

8. Le compte personnel. Comme tout outil personnalisable du web, RODIN possède une fonction d'administration de son compte personnel, où l'on peut notamment gérer son mot de passe et la langue de l'interface (allemand, anglais, français).

9. Une neuvième fonctionnalité est la représentation graphique d'un terme au sein de son ontologie : un schéma présente les relations hiérarchiques entre les divers concepts par des traits divers (figure 2). Un concept plus général se trouve à l'extrémité large du trait alors qu'un concept plus spécifique est à l'autre extrémité. On peut naviguer dans ce schéma et ajouter des termes à la métarecherche, en tant que breadcrumbs.

Figure 2
Représentation graphique d'un terme dans RODIN

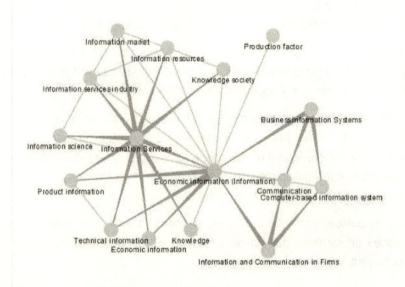

1.2.3 État du développement de RODIN avant l'évaluation

RODIN n'est pas un outil terminé et mis à la disposition de tous sur le web. Il est encore en voie de développement, et la version évaluée dans ce travail est une version prototype. RODIN ne possède donc pas de nom de domaine ; on y accède via son adresse IP en chiffres. L'infrastructure d'hébergement n'est pas non plus adaptée à une utilisation massive par des centaines d'internautes. Par conséquent, l'interaction avec le système peut être pénible à cause de sa lenteur. RODIN n'a été optimisé, pour le moment, que pour le navigateur web Mozilla Firefox. Il fonctionne aussi sur Google Chrome, mais pas sur Internet Explorer.

Certaines fonctionnalités, comme le filtrage, sont encore un peu approximatives car leur développement est en cours. Plusieurs widgets ne fonctionnent pas, ou très mal. L'aspect visuel est provisoire : le logo notamment doit être amélioré. La dénomination de certaines fonctions telles que les breadcrumbs ou les facettes ontologiques n'a pas été réfléchie en profondeur. De plus, aucune fonctionnalité d'aide en ligne n'est disponible pour le moment. Si l'on pense à une publication sur le web, d'autres fonctions indispensables feraient également défaut, comme le formulaire pour se créer un compte personnel.

Tous ces aspects sont encore à développer et à peaufiner. C'est la raison d'être de cette étude d'utilisabilité : il s'agit d'une évaluation formative dont les résultats peuvent être pris en considération dans la suite de l'évolution de RODIN. À l'inverse, une évaluation sommative n'a lieu qu'à la fin du cycle de développement (Schweibenz, Thissen, 2003 : 39).

2. Contexte théorique

2.1 Qu'est-ce que l'utilisabilité ?

Ce concept est, dans la littérature professionnelle, exprimé le plus souvent par le mot anglais *usability*. L'équivalent français le plus courant est *utilisabilité*, même si on utilise parfois également l'anglicisme *usabilité*. Il s'agit d'un concept relativement récent. Ces deux termes ne sont pas encore reconnus par les institutions officielles de la langue française, mais déjà largement acceptés dans le monde professionnel.

On commence à rencontrer le mot *usability* dès la fin des années 1980 (Dumas, 2007 : 55). Cette période coïncide à peu près avec l'arrivée des premiers ordinateurs personnels à interface WYSIWYG. Le terme se répandra ensuite largement à partir des années 1990 et du début du web.

Dans ses *Exigences ergonomiques pour travail de bureau avec terminaux à écrans de visualisation*, datant de 1998, l'Organisation internationale de normalisation définit l'utilisabilité ainsi :

> « *Degré selon lequel un produit peut être utilisé, par des utilisateurs identifiés, pour atteindre des buts définis avec efficacité, efficience et satisfaction, dans un contexte d'utilisation spécifié.* »
> (Organisation internationale de normalisation, 1998 : 2)

Jakob Nielsen, souvent qualifié de gourou de l'utilisabilité vu sa renommée, donne une définition un peu plus détaillée de ce concept :

> « *L'utilisabilité est une caractéristique de qualité liée à la facilité à se servir de quelque chose. Plus précisément, il s'agit de la rapidité avec laquelle des personnes peuvent apprendre à l'utiliser, de son efficacité, de sa rémanence, de son taux d'erreur et de sa facilité d'utilisation.* »
> (Nielsen, Loranger, 2007 : XVI)

Mesurer l'utilisabilité d'un produit n'est donc pas quelque chose de simple et rapide à effectuer. Cela dépend, comme les deux définitions ci-dessus le soulignent, de plusieurs facteurs. En synthétisant ces derniers, six critères de qualité influant sur l'utilisabilité se dégagent :

- L'efficacité : degré d'achèvement des objectifs de l'utilisateur.

- L'efficience : rapport entre les ressources dépensées et le degré d'achèvement des objectifs fixés (selon ISO). Nielsen cite principalement le temps utilisé pour atteindre ces objectifs.
- La satisfaction : absence d'inconfort et agréabilité dans l'utilisation du produit.
- La facilité d'apprentissage : facilité d'utilisation du produit lors de la première confrontation. Ce facteur n'est autre que l'efficacité et l'efficience résultant du premier contact avec le produit.
- La rémanence : facilité de recouvrement de la maîtrise d'un produit après une période de non-utilisation.
- Le taux d'erreurs : nombre d'erreurs faites par l'utilisateur, gravité des erreurs et possibilité de corriger ou contourner ces erreurs.

(Organisation internationale de normalisation, 1998 : 2 ; Nielsen, 2012)

Dans le contexte du web, l'utilisabilité revêt une importance toute particulière (Blumer, 2011 : 7). D'une part, le public cible d'un site web est extrêmement hétérogène, contrairement aux utilisateurs de la plupart des logiciels traditionnels. D'autre part, le web gravite autour d'un élément central et principal : l'information (Schweibenz, Thissen, 2003 : 41). Il se doit donc de la présenter de manière optimale afin qu'elle soit trouvée le plus facilement possible.

2.2 *Termes connexes à l'utilisabilité*

De nombreux termes techniques sont utilisés dans ce domaine et la distinction est souvent ambiguë. Quelques-uns sont brièvement introduits ci-dessous dans le but de mieux définir le contexte et les limites du mot *utilisabilité*.

2.2.1 Accessibilité

L'accessibilité du web signifie que des personnes handicapées (de la vue, de l'ouïe, etc.) peuvent utiliser le web, et notamment percevoir et comprendre les contenus, naviguer, interagir et contribuer. L'accessibilité du web concerne également d'autres publics, comme les personnes âgées par exemple (World Wide Web Consortium, 2007).

2.2.2 Acceptabilité

Dans le domaine de l'informatique, l'acceptabilité d'un dispositif peut se définir comme la « possibilité d'accéder et de prendre la décision d'utiliser le dispositif, d'être motivé pour utiliser celui-ci, de persister à l'utiliser même si des difficultés se présentent » (Tricot, 2008 : [27]). Elle dépend donc de l'utilisabilité, mais également d'autres facteurs comme le coût du système ou sa compatibilité.

2.2.3 Ergonomie

« Discipline scientifique qui s'intéresse à l'interaction entre l'humain et d'autres éléments d'un système (p. ex., outils, équipement, produits, tâches, organisation, technologie et environnement) » (Le Rouzic, 2006). Le mot *ergonomie* est principalement employé dans le contexte des conditions de travail au sein d'une entreprise. Il englobe l'utilisabilité.

2.2.4 Expérience utilisateur

Ce terme, souvent abrégé UX pour *user experience*, représente la « qualité d'une expérience globale perçue par une personne (utilisateur) qui interagit avec un système » (Use Design, 2012). Peter Morville (2004), spécialiste dans le domaine, décline ce concept en sept facettes : l'utilité, l'utilisabilité, la désirabilité (ou attractivité), la repérabilité, l'accessibilité, la crédibilité et la valeur (voir les détails du *honeycomb* de Peter Morville dans l'annexe 1).

L'utilisabilité n'est ici représentée que par une facette, alors que, selon la définition vue précédemment, elle concernerait également des aspects tels que la repérabilité (efficacité) ou la désirabilité (satisfaction). Le terme *expérience utilisateur* n'en demeure pas moins plus général, insistant notamment sur les critères subjectifs de l'utilisateur tels que les émotions, les croyances, les préférences, etc.

2.2.5 User-centered design (UCD)

> « *UCD represents not only the techniques, processes, methods, and procedures for designing usable products and systems, but just as important, the philosophy that places the user at the center of the process.* »
> (Rubin, 1994 : 10)

UCD pourrait se traduire en français par « conception d'un produit informatique centrée sur l'utilisateur ». Ce dernier est donc inclus dès le début dans le processus de conception, en participant notamment à des interviews et/ou des tests utilisateurs. L'expression équivalente *usability engineering* est également utilisée pour désigner une conception centrée sur l'utilisateur.

2.2.6 Utilité

Nielsen donne une explication concise du terme : usefulness = usability + utility (Nielsen, 2012). Dans cette équation, *utility* correspond à l'utilité théorique d'un système : est-ce qu'il fournit les fonctionnalités et les informations dont les utilisateurs ont besoin ? *Usability* représente la facilité d'utilisation. Enfin, *usefulness* est l'usage effectif du système. Par conséquent, il faut que le système réunisse les deux qualités, utile et utilisable, pour être utilisé en pratique.

2.2.7 Synthèse

En résumé, l'utilisabilité n'est qu'une caractéristique parmi d'autres, telles que l'utilité, l'accessibilité ou la crédibilité, qualifiant un système informatique. La distinction entre chacun de ces termes n'est cependant pas clairement établie.

2.3 *Évaluation de l'utilisabilité*

L'évaluation de l'utilisabilité est une pratique parmi d'autres, appliquée lors de la conception d'un produit informatique, pour en assurer à terme la facilité d'utilisation. On distingue deux catégories : l'évaluation orientée experts et l'évaluation orientée utilisateurs (Schweibenz, 2003 : 74).

L'évaluation orientée experts peut prendre les deux formes suivantes :

- Évaluation heuristique : analyse selon des principes d'utilisabilité établis, dits heuristiques (Barnum, 2011 : 61).
- Inspection cognitive ou *cognitive walkthrough* : exploration par simulation des actions possibles d'utilisateurs réels (Schweibenz, 2003 : 90).

L'évaluation orientée utilisateurs se décline également en plusieurs méthodes :

- Test utilisateur (voir la définition dans le <u>chapitre 2.3.1</u>).
- Observation d'utilisateurs réels dans leur environnement habituel (Nielsen, 1993 : 207).
- Logging[6] des actions effectuées sur le produit actuel.
- Communication directe, écrite ou orale, avec l'utilisateur : questionnaires, interviews, groupes de discussion (*focus groups*), etc. Ces techniques sont utilisées plutôt au début de la phase de développement du produit.
- Feedback spontané des utilisateurs volontaires après utilisation du produit (Nielsen, 1993 : 221).

Chacune de ces méthodes possède des qualités et des défauts qui lui sont propres. Le choix de la bonne méthode pour une étude d'utilisabilité dépend de plusieurs facteurs, tels que les coûts, le type de produit testé, le temps à disposition ou encore le genre d'informations souhaité. Dans l'idéal, plusieurs méthodes différentes sont combinées afin d'obtenir des résultats plus complets et plus fiables (Albert, Tullis, Tedesco, 2010 : 10).

2.3.1 Test utilisateur en ligne asynchrone

La technique utilisée dans cette étude était prédéterminée : le test utilisateur en ligne asynchrone.

Un test utilisateur consiste en la collecte de données empiriques, en observant des utilisateurs réels en train d'utiliser le produit testé, afin de réaliser des tâches prédéterminées (Rubin, 1994 : 22). Ces données peuvent être récoltées par plusieurs techniques, telles que l'observation directe, le questionnement de l'utilisateur (questionnaire, interview), le logging des actions effectuées sur le produit (grâce à un logiciel de tests utilisateurs et/ou sur le serveur), l'enregistrement vidéo de l'écran de l'utilisateur, etc. (Hegner, 2003 : 54). Un test utilisateur peut s'effectuer en différents endroits (Barnum, 2011 : 25-26) : en laboratoire, dans un bureau quelconque, sur le terrain

---

[6] Enregistrement dans un fichier log.

(chez l'utilisateur ou directement dans la rue) ou à distance (en ligne, de manière synchrone ou asynchrone).

Un test utilisateur en ligne se distingue d'un test traditionnel par le fait qu'il est effectué à distance via Internet, et non en un lieu déterminé avec la présence physique de chaque participant. Lorsque le test utilisateur en ligne est asynchrone, cela signifie que les participants le réalisent seuls, sans contact avec un modérateur comme dans le cas d'un test synchrone.

Comparé aux autres formes de tests utilisateurs, le test en ligne asynchrone, utilisé pour évaluer RODIN, présente les avantages suivants (Albert, Tullis, Tedesco, 2010 : 5-9 ; Greifeneder, 2011 : 83-85 ; Loop[11], 2012) :

- Grand nombre d'utilisateurs testés.

  Des données quantitatives fiables sont ainsi collectées, telles que le taux de réussite d'une tâche ou le temps moyen pour la réaliser ; les problèmes d'utilisabilité mis en évidence peuvent être pondérés.

- Indépendance du lieu et du moment.

  Tous les utilisateurs sont donc pris en compte, sans contraintes de lieu. Ils bénéficient du confort de leur environnement habituel et réalisent le test de manière anonyme (sans l'influence d'un modérateur). Les données ainsi récoltées sont plus représentatives de la réalité.

- Coûts modérés.

  Peu de moyens sont nécessaires.

- Faible durée de préparation et de réalisation.

  Les utilisateurs n'ont pas besoin d'un modérateur pour effectuer le test et le processus d'évaluation peut être réitéré.

- Comparaison facile de plusieurs produits.

  Par exemple son propre site web et celui de son concurrent, ou deux versions prototypes avant le lancement de la version définitive.

- Interception de l'utilisateur.

  Lorsqu'il se connecte au site web concerné, un message apparaît et lui propose de participer directement au test afin de connaître ses intentions réelles (« true intent studies »).

Le test en ligne asynchrone présente également des désavantages (Albert, Tullis, Tedesco, 2010 : 9-10) :

- Données qualitatives moins précises.

  Il n'y a pas d'interaction possible avec un modérateur et, dans la plupart des cas, tous les commentaires doivent être écrits, ce qui est astreignant.

- Durée du test limitée.

  La motivation et l'attention de l'utilisateur diminue au-delà de 45 minutes.

- Dépendance à la disponibilité d'une connexion Internet et à la compatibilité des logiciels utilisés (navigateur, logiciel d'utilisabilité).

- Distraction possible des utilisateurs durant le test.

  Ils effectuent d'autres activités en parallèle, ce qui influe sur le temps de réalisation d'une tâche. Néanmoins, cela peut également être considéré comme un avantage, car c'est plus représentatif d'une situation réelle.

- Éventuelle confidentialité du produit non respectée.

  Les utilisateurs peuvent aisément effectuer des captures d'écran.

- Observation impossible de l'utilisateur : expression du visage, voix, ...

3. Réalisation du test utilisateur

3.1 *Que veut-on évaluer ?*

L'objectif de ce test utilisateur n'est pas d'obtenir des mesures exactes telles que le taux d'efficacité ou d'efficience de RODIN. Il s'agit plutôt d'une évaluation globale des fonctionnalités principales, notamment les widgets, la métarecherche, les facettes ontologiques, les breadcrumbs, le filtrage et la représentation graphique, afin de détecter les éléments critiques de l'interface qui demandent à être améliorés. Un aspect particulier devra néanmoins être analysé plus en détails : la dénomination des fonctionnalités *breadcrumbs* et *facettes ontologiques*. Est-ce compréhensible par les utilisateurs, ou d'autres termes sont-ils souhaités ?

Le but est de recueillir d'une part des données quantitatives grâce à un nombre de participants plus élevé que lors de tests utilisateurs traditionnels en laboratoire, et d'autre part des données qualitatives par les commentaires des utilisateurs après avoir essayé RODIN.

3.2 *Choix du logiciel*

3.2.1 Logiciels existants

Il existe sur le marché actuel deux types de logiciels permettant de créer des tests utilisateurs en ligne asynchrones :

- Les logiciels fournissant des données plutôt qualitatives.

  Ils enregistrent le son et la vidéo de l'écran des participants. Généralement un seul scénario initial est possible, avec des questions uniquement en fin de test, et la durée de la vidéo est relativement limitée.

  Exemples : OpenHallway[7], TryMyUI[8], UserTesting.com[9].

---

[7] http://www.openhallway.com/ (consulté le 04.01.13)

[8] http://www.trymyui.com/ (consulté le 04.01.13)

[9] http://www.usertesting.com/ (consulté le 04.01.13)

- Les logiciels fournissant des données plutôt quantitatives.

    Plusieurs tâches, des questions suivant chaque tâche et des questionnaires en début et fin de test peuvent être conçus. Les résultats sont fournis sous forme de taux de réussite, parcours des clics, temps par tâche et heatmaps des clics[10].

    Exemples : Loop[11][(11)], UserZoom[12] (onéreux).

De nombreux autres logiciels sont également disponibles pour évaluer l'utilisabilité de sites web de manière asynchrone, mais pas sous la forme de tests utilisateurs :

- Les logiciels permettant à l'utilisateur de réagir à l'observation d'une capture d'écran du site testé. L'application la plus courante est la conception de questions auxquelles l'utilisateur doit répondre en cliquant à un certain endroit de la capture d'écran. Exemples : ChalkMark[13], Usabilla Survey[14], IntuitionHQ[15].

- Les logiciels évaluant la structure de l'information (hiérarchie des menus) : logiciels de tree-testing[16] (exemple : Treejack[17]) et de card-sorting[18] (exemple : WebSort.net[19]).

- Les logiciels analysant en détails les clics réalisés sur le site web lors de son utilisation habituelle. Exemples : ClickHeat[20], Crazyegg[21].

---

[10] Représentation visuelle d'une page web sur laquelle la quantité de clics effectués est signalée dans les différentes zones de la page par une couleur spécifique, en général rouge quand les clics sont nombreux.

[11] http://www.loop11.com/ (consulté le 04.01.13)

[12] http://www.userzoom.com/ (consulté le 04.01.13)

[13] http://www.optimalworkshop.com/chalkmark.htm (consulté le 04.01.13)

[14] http://usabilla.com/products#usabilla_survey (consulté le 04.01.13)

[15] http://www.intuitionhq.com/ (consulté le 04.01.13)

[16] Pour répondre à une question, le participant doit découvrir la bonne rubrique dans une hiérarchie de menus proposée.

[17] http://www.optimalworkshop.com/treejack.htm (consulté le 04.01.13)

[18] Le participant doit classer les rubriques dans des catégories les plus appropriées selon lui.

[19] http://uxpunk.com/websort/ (consulté le 04.01.13)

[20] http://www.labsmedia.com/clickheat/index.html (consulté le 04.01.13)

[21] http://www.crazyegg.com/ (consulté le 04.01.13)

3.2.2 Logiciel utilisé pour l'évaluation de RODIN

Pour l'évaluation de RODIN, le logiciel a été choisi à l'avance : Loop[11] (le nombre 11 fait partie du nom du logiciel). Cependant, après quelques essais, de gros problèmes techniques ont été constatés : certaines fonctionnalités de RODIN ne marchaient tout simplement pas. Des logiciels alternatifs ont donc été étudiés, mais aucun ne répondait aux besoins de cette évaluation. Un test utilisateur en ligne synchrone a même été pensé et esquissé comme solution de secours. Finalement, après avoir été contactée, l'équipe d'aide de Loop[11] a résolu le problème : il fallait insérer un code JavaScript dans plusieurs endroits du code source de RODIN pour que cela fonctionne. Ces problèmes techniques ont retardé le lancement du test d'une semaine environ.

Loop[11] dispose des caractéristiques suivantes :

- Nombre illimité de questions (obligatoires ou facultatives) et de tâches.
- Prévisualisation du test conçu.
- Analyse du parcours de clics, heatmaps (pas encore disponible pour ce test), taux de réussite, d'abandon et d'échec, temps de réponse moyen par tâche.
- Multilinguisme.
- Coût modéré (gratuit pour les étudiants d'écoles supérieures dans le domaine de l'utilisabilité).
- Filtrage et export des données collectées.
- Création d'un lien vers le test unique pour chaque participant afin de déterminer qui a participé (pour l'envoi de la récompense).
- Diverses possibilités d'invitation de participants (envoi d'un lien, fenêtre pop-up sur le site web, sélection parmi des panels du web).

Lors d'un test utilisateur fait avec Loop[11], les tâches et questions sont affichées dans une fenêtre superposée à la page testée (annexe 2), qui peut être masquée ou déplacée.

Pour pallier au risque d'obtenir trop peu de données utiles (notamment à cause de l'absence d'enregistrements vidéo des écrans des utilisateurs), certaines actions effectuées sur RODIN ont été enregistrées dans un fichier log.

3.3 *Conception du contenu du test*

3.3.1 Questionnaire précédant le test (pré-questionnaire)

Avant un test utilisateur, il est d'usage de proposer un questionnaire servant à trier les participants selon divers critères, puis à obtenir certaines données pour chaque personne restante. Le premier point n'est pas nécessaire pour ce test, car la sélection se fait lors du recrutement (voir chapitre 3.4). Quant aux données sur les utilisateurs, il s'agit en principe d'informations personnelles (âge, sexe, niveau d'éducation, main de prédilection), de compétences informatiques, de connaissances du produit testé, etc. (Rubin, 1994 : 153). Seuls l'âge et le sexe ont été demandés dans ce test, afin d'en réduire la durée.

3.3.2 Les tâches et les questions associées

L'évaluation s'organise en six tâches (une pour chaque fonctionnalité), chacune suivie d'une ou plusieurs questions s'y rapportant (voir le contenu du test dans l'annexe 3) :

- *Tâche 0 : connexion à RODIN (cette tâche ne fait pas réellement partie de l'évaluation de RODIN, il s'agit plutôt d'une étape du test).*
- Tâche 1 : navigation libre
- Tâche 2 : widgets
- Tâche 3 : recherche et facettes ontologiques
- Tâche 4 : breadcrumbs
- Tâche 5 : filtrage
- Tâche 6 (facultative) : représentation graphique

La littérature professionnelle propose de créer des scénarios plaçant l'utilisateur dans une situation réelle afin de masquer le côté artificiel des tâches (Dumas, Redish, 1999 : 172). Dans le cas de RODIN, comme il ne s'agit pas d'un site web habituel mais d'un moteur de recherche complexe, les tâches sont formulées « sans décor » et très précisément (parfois même avec indication du terme à rechercher) afin que tous les participants obtiennent des résultats et qu'ils ne se sentent ni frustrés ni perdus. Bien que l'utilisation de la terminologie de RODIN (noms des boutons, menus, etc.) dans les tâches soit déconseillée, car cela guide trop le participant (Rubin,

1994 : 180), elle a tout de même été utilisée dans certains cas, pour que le participant puisse décider plus facilement en fin de tâche de sa réussite ou de son échec.

En effet, Loop[11] ne peut pas, dans le cas de RODIN, vérifier lui-même la réussite ou l'échec d'une tâche, car il se base sur l'URL atteint en fin de tâche, et l'URL de RODIN ne varie pas. Pour pallier à ce problème, des questions sont posées après chaque tâche à l'utilisateur afin qu'il évalue lui-même sa réussite. Comme cette évaluation n'est pas toujours facile et évidente à ses yeux, l'option « Je ne sais pas si j'ai réussi. » a été ajoutée aux deux autres réponses classiques « oui » et « non » (Albert, Tullis, Tedesco, 2010 : 78).

En outre, la dernière tâche est annoncée à l'utilisateur comme facultative car la fonctionnalité testée n'est pas primordiale et la durée du test est déjà relativement longue.

3.3.3 Questionnaire en fin de test (post-questionnaire)

Un questionnaire en fin de test est généralement utilisé pour obtenir une appréciation générale du site (Barnum, 2011 : 176) et des opinions plus subjectives, qui ne ressortent pas dans l'analyse des tâches effectuées.

L'évaluation globale est effectuée au moyen d'un questionnaire normalisé : le *System Usability Scale* (SUS). De tels questionnaires présentent l'avantage d'avoir été élaborés par des spécialistes de l'utilisabilité et de fournir des données que l'on peut comparer. Le SUS est composé d'une série de 10 questions sous forme d'échelles de Likert[22] à cinq options possibles (voir le SUS au sein du post-questionnaire dans l'annexe 3). Il a été choisi pour sa popularité, sa fiabilité prouvée, sa gratuité et sa concision (Tullis, Stetson, 2004 : [39]).

En plus du SUS, trois questions ouvertes laissent la possibilité aux participants d'exprimer leur opinion par rapport à RODIN et au test lui-même.

---

[22] Échelle sur laquelle le participant indique son degré d'accord ou de désaccord selon des affirmations proposées (Rubin, 1994 : 203).

3.4 *Conception pratique*

Une fois le contenu du test déterminé, différentes choses doivent encore être réalisées :

1. Créer le test en ligne avec Loop[11] à partir du contenu des tâches et des questions. Il faut en plus intégrer des éléments aidant l'utilisateur, qui n'a sans doute jamais réalisé de test en ligne, par exemple un texte expliquant comment masquer la fenêtre des tâches à effectuer. Une vérification complète du fonctionnement de RODIN, quand il est utilisé par l'intermédiaire de Loop[11], est également nécessaire, vu les problèmes de compatibilité des deux logiciels rencontrés lors des premiers essais.

2. Traduire l'intégralité du test en allemand.

3. Recruter des participants. Un appel à participation en deux langues (annexe 4) est lancé par e-mail via Swiss-lib[23], la liste de diffusion des spécialistes en information documentaire. Ce message contient plusieurs éléments nécessaires servant à informer le participant potentiel, le mettre en confiance et l'attirer. Ces éléments sont : le but et le contexte de l'étude, le déroulement et la durée estimée du test, la récompense (s'il y en a une), les conditions nécessaires à la participation, la garantie de confidentialité, une adresse de contact, etc. (Albert, Tullis, Tedesco, 2010 : 49). Pour ce test, une récompense sous forme d'un bon en librairie a été choisie.

4. Créer et configurer un compte RODIN pour chaque participant. Chaque compte doit avoir six onglets en tout (un par tâche), nommés selon le numéro de la tâche correspondante et contenant des widgets précis. Il doit être paramétré dans la langue du participant (français/allemand).

3.5 *Essais*

Avant le lancement définitif du test, il est recommandé d'effectuer des essais sous forme de tests pilotes, en particulier pour les tests asynchrones, car aucun modérateur n'est présent pour aider les participants (Albert, Tullis, Tedesco, 2010 : 93). Les objectifs principaux de cette opération sont la

---

[23] http://lists.switch.ch/mailman/listinfo/swiss-lib/ (consulté le 04.01.13)

vérification du fonctionnement technique des logiciels utilisés, l'amélioration de l'utilisabilité du test lui-même et la détermination de la durée du test.

Quatre personnes ont donc réalisé un test pilote, tout en étant directement observées dans leur comportement (test synchrone). Les participants ont été informés de la même manière que des participants réels, c'est-à-dire qu'ils ont dû prendre connaissance de l'appel à participation, puis du message leur envoyant le lien (voir chapitre 3.6), et ont enfin effectué le test sans intervention du modérateur afin de détecter des problèmes susceptibles de survenir chez de vrais participants.

Les résultats obtenus n'ont pas été superflus :

- Le premier test n'a pas du tout fonctionné en raison d'un nouveau problème technique, qui a pu être résolu rapidement.
- La fenêtre verte de Loop[11] perturbe beaucoup les participants en cachant une partie de la page de RODIN. Un texte expliquant comment la masquer est ajouté jusqu'à la troisième tâche.
- La tâche 4 s'est révélée très difficile et est donc simplifiée : les utilisateurs peuvent désormais ajouter n'importe quel mot aux breadcrumbs, et non uniquement des noms de villes suisses.
- La fonctionnalité *breadcrumbs* induit les participants en erreur, car elle porte deux noms différents, dans le menu contextuel et sous la barre de recherche principale. La formulation des tâches et questions est donc adaptée et les expressions *breadcrumbs* et *facettes ontologiques* sont mises entre guillemets dans tous les textes du test.
- En raison de lenteurs du système, seuls les widgets fonctionnant bien sont proposés dans les différentes tâches du test, bien que l'ajout d'autres widgets reste possible. De plus, ces lenteurs seront clairement mentionnées lors de l'envoi du test (annexe 5).
- La durée du test est évaluée à 30 minutes environ, dans le cas où le participant ne fait pas beaucoup de commentaires. C'est pourquoi la tâche 6 est définitivement annoncée comme facultative.
- Au vu des difficultés générales rencontrées par les participants lors du test pilote, il est décidé d'annoncer, dans l'appel à participation, qu'il est préférable d'être habitué à l'usage du web pour participer.

3.6 Diffusion et pilotage du test

La diffusion du test s'est effectuée par l'envoi d'un e-mail (annexe 5) aux participants ayant répondu positivement à l'appel à participation. Le message comporte un lien personnel vers le test. Cette méthode de lien personnel, proposée par le logiciel Loop[11], a permis de déterminer les personnes qui ont achevé le test sans abandonner, afin de savoir à qui envoyer la récompense.

Parallèlement, une base de données des participants a été créée afin de pouvoir « piloter » le test. Elle est alimentée au fur et à mesure des nouvelles inscriptions de participants. Elle contient les noms et données de contact de chaque personne, l'identifiant RODIN, le lien personnalisé, la langue de prédilection (allemand/français) ainsi que des informations sur le test (a-t-il été envoyé, la personne l'a-t-elle réalisé, y a-t-il eu des problèmes ?). Grâce à ces données, un suivi personnel de chaque participant a pu être effectué, notamment en cas de difficultés. Le problème survenu le plus couramment était l'impossibilité de se connecter à RODIN. Ce dysfonctionnement technique était dû à l'utilisation du mauvais navigateur web (Mozilla Firefox était requis).

Le test est resté ouvert durant 25 jours. Une semaine avant l'échéance, un message de rappel a été envoyé aux personnes n'ayant pas encore participé.

3.7 Clôture

Quand l'accès au test fut fermé, 34 participants (65% des personnes annoncées) l'avaient effectué en entier. Sept personnes (13%) n'y ont pas, ou que partiellement, participé, pour des raisons techniques : connexion impossible (même avec le bon navigateur), disparition de la fenêtre verte de Loop[11] donnant les instructions, accès à l'adresse IP de RODIN refusé, etc.

Le test était en fait constitué de deux tests différents : un en français, un en allemand. Les données de chacun ont donc dû être exportées, puis fusionnées dans une matrice commune.

3.8 Bilan de la conception du test

Après avoir analysé les résultats, la remise en question de la conception du test est presque instinctive.

Plusieurs problèmes survenus durant le test ont mis en évidence des imprécisions dans la formulation des tâches et des questions. Il y a eu, par exemple, des réponses contradictoires à deux questions : la seconde débutait par « Si oui, avez-vous réussi à... ? » et elle a obtenu plus de réponses qu'il n'y avait eu de « oui » à la première question (détails dans le chapitre 4.6). Par ailleurs, les fonctions *filtrage* et *breadcrumbs* ont été confondues par certains participants, à cause de leurs appellations qui prêtent à confusion (les breadcrumbs servent également à filtrer la recherche principale). D'autres termes auraient peut-être dû être utilisés. Enfin, il est regrettable de n'avoir pu créer des scénarios réels pour chaque tâche, mais cette méthode n'était clairement pas adaptée à l'évaluation d'un site web tel que RODIN.

Lors des tests pilotes, le bon fonctionnement du logging des actions effectuées n'a pas été vérifié. Ainsi plusieurs opérations manquaient.

Le but d'un test asynchrone tel que celui-ci est d'avoir un panel pouvant atteindre plusieurs centaines de participants. Dans cette optique, il aurait été préférable de réaliser une analyse plus quantitative que qualitative, avec moins de questions laissant la possibilité d'écrire des commentaires, qui doivent ensuite être étudiés un à un. Ces questions, dites ouvertes, auraient pu être remplacées par des questions où le participant choisi une réponse dans une liste proposée. Mais pour concevoir ce type de questions, il aurait fallu connaître les aspects problématiques de RODIN avant le début du test ou avoir des objectifs d'évaluation très précis. Un positionnement plus clair de l'étude aurait donc dû être fait : soit une étude quantitative courte mais avec beaucoup de participants, soit une étude qualitative plus longue et avec moins de participants. Un mélange des deux n'est pas un bon compromis.

Dans le cas de RODIN, un nombre de participants beaucoup plus élevé aurait été impossible pour différentes raisons : le test dure trop long (30 minutes), le coût des récompenses deviendrait trop élevé et la gestion des participants serait trop pesante (notamment le paramétrage d'un nouveau compte RODIN pour chaque personne). Le test en ligne asynchrone est au final une méthode assez peu adaptée à l'analyse de l'utilisabilité d'un outil personnalisable tel que RODIN.

3.8.1 À propos de Loop[11]

Si Loop[11], le logiciel utilisé pour réaliser le test utilisateur, devait lui-même être jugé, il obtiendrait une évaluation globale positive. Certains points problématiques sont pourtant ressortis durant l'analyse de RODIN :

- Impossibilité de créer des questions conditionnelles, ce qui aurait empêché des réponses peu cohérentes dans les résultats de ce test. Des questions qui ne s'affichent que lorsqu'une tâche a été abandonnée, ou en fonction d'une réponse particulière à une question précédente, seraient intéressantes dans ce cas.

- Obstruction d'une partie du site testé par la fenêtre verte de Loop[11] (annexe 2), rendant la réalisation d'une tâche plus difficile. Des boutons permettent de masquer et de déplacer cette fenêtre, mais ils sont peu visibles.

- Impossibilité d'interrompre le test et de le continuer plus tard : il doit être recommencé dès le début. Cela est particulièrement gênant lorsque le test dure 30 minutes.

- Pour tester certains sites (comme RODIN), nécessité d'insérer un code JavaScript dans le code source du site afin que tout fonctionne normalement. Il n'est donc pas toujours possible d'évaluer l'utilisabilité d'un site concurrent avec Loop[11] (dans le cas d'une évaluation comparative par exemple).

- Bugs répétés de Loop[11]. Par exemple, la fenêtre verte affichant les tâches et les questions disparaît subitement et il est impossible de la faire réapparaître sans tout recommencer. Dans un autre cas, cette même fenêtre se met à suivre le curseur de la souris sans que l'on puisse l'en empêcher, au point que l'on doit interrompre le test. Ces deux bugs sont survenus à plusieurs reprises mais chez une minorité de participants.

- Incohérence dans les données fournies par Loop[11] pour une question à choix multiple : la somme des réponses individuelles ne correspond pas au total des participants ayant répondu à la question (annexe 6). Ce problème a très vite été résolu par l'équipe technique de Loop[11], mais cela remet tout de même en question la consistance des données fournies par ce logiciel.

Dans l'ensemble, Loop[11] possède néanmoins de nombreuses qualités, qui en font un bon outil. Il est très facile d'utilisation et offre une grande flexibilité dans l'organisation des tâches et des questions. Le taux de complétion actuel (en pourcentage) est toujours affiché durant le test. Un bouton offre la possibilité de quitter le test en permanence. Le design est agréable et permet de bien distinguer Loop[11] du site testé lors d'un test utilisateur. En outre, l'aide technique, très disponible, répond rapidement aux diverses sollicitations en apportant des solutions concrètes.

4. Résultats

Dans ce chapitre, après quelques remarques sur la méthode d'analyse des résultats, une première section présente les participants au test. Ensuite, chaque fonction principale de RODIN est analysée dans une section dédiée (ces fonctions correspondent aux tâches du test) : les widgets (tâche 2), la recherche et les facettes ontologiques (tâche 3), les breadcrumbs (tâche 4), le filtrage (tâche 5) et la représentation graphique (tâche 6).

Sur la base des nombreux et divers commentaires des participants, des sections supplémentaires traitent de l'aspect visuel du site, des résultats fournis par RODIN ainsi que de tous les autres aspects mentionnés par les utilisateurs. Enfin, l'utilisabilité générale est abordée dans une dernière partie, présentant également les résultats du SUS.

4.1 *Remarques concernant l'analyse*

L'analyse se base sur les données fournies par le logiciel d'utilisabilité Loop[11]. Ce dernier offre notamment des statistiques, telles que le taux de réussite ou d'abandon pour chaque tâche, présentées en chiffres et sous forme de graphiques. Ces statistiques ne sont pas utilisables, car elles ne correspondent pas à la réalité : elles dépendent de l'URL atteint en fin de tâche, et l'URL de RODIN ne varie pas. Quant au pourcentage d'abandon, il résulte du choix à la fin d'une tâche entre les boutons « Abandonner la tâche » et « Tâche effectuée ». Ces dénominations sont ambiguës dans Loop[11] (Albert, Tullis, Tedesco, 2010 : 79). L'utilisateur peut donc choisir le second bouton alors qu'il n'a pas réussi la tâche, ce pour plusieurs raisons possibles, parmi lesquelles :

- Aucune dénotation de *succès* dans l'expression « Tâche effectuée ».
- Incompréhension de ce que l'utilisateur a effectué sur RODIN.
- Réticence à avouer son échec.

Ces clics « erronés » ont été constatés en lisant certains commentaires, qui indiquaient clairement qu'une tâche n'avait pas été réussie. C'est pourquoi les graphiques de Loop[11] sont inutiles et des questions ont été prévues après chaque tâche du test pour évaluer la réussite (voir chapitre 3.3.2). Lorsque même les réponses à ces questions portent à penser qu'elles ne correspondent pas à ce qui a vraiment été effectué, le fichier log de RODIN est analysé en détails afin de prouver les faits réels.

Loop[11] fournit également des statistiques sur le temps utilisé pour effectuer chaque tâche. Ces variables sont également à interpréter de manière critique, car les participants effectuent le test seuls et peuvent faire des pauses plus ou moins longues.

Dans tous les cas, l'ensemble des données de l'analyse sont indicatives et ne correspondent pas forcément à la réalité. Il faut donc les considérer dans une vision de globalité.

4.2 Participants

Au total, 34 utilisateurs ont terminé le test, dont 17 de langue allemande et 17 de langue française.

76% sont des femmes, et 24% des hommes.

Les participants sont en moyenne relativement jeunes, 70% d'entre eux ayant entre 21 et 40 ans, et aucun plus de 60 ans (figure 3).

Figure 3
Participants au test par tranches d'âge

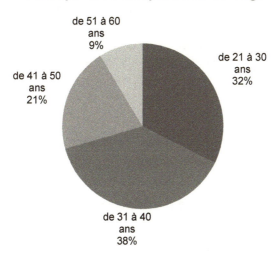

4.3 *Widgets*

La tâche 2 consiste en l'ajout et le déplacement de widgets. Tous les participants disent être parvenus à ajouter des widgets. C'est donc un taux de réussite de 100%, prouvé par l'analyse du fichier log.

97% (tous les participants sauf un) sont également parvenus à en modifier l'ordre, selon l'étude du fichier log, bien que tous affirment avoir réussi.

Les widgets sont la fonctionnalité qui a récolté le plus de commentaires positifs de l'ensemble du test : 13 participants ont émis en tout 14 avis positifs, concernant les points suivants (le nombre de commentaires correspondants est indiqué entre parenthèses) :

- Le fait d'avoir plusieurs widgets, de pouvoir effectuer une recherche fédérée dans diverses sources (5).
- La personnalisation d'un espace (4).
- La manipulation (3).
- Autres (2).

Des commentaires plus négatifs et des propositions d'améliorations ont également été donnés :

- La taille des widgets est trop petite. Une taille adaptable serait bien, surtout pour les petits écrans, où un ascenseur horizontal apparaît dès que trois widgets sont côte à côte. Ceci est étroitement lié à la présentation des résultats à l'intérieur de chaque widget, présentation abordée dans le chapitre 4.9 (5).
- Une présentation/description de chaque widget est souhaitée lors de l'ajout, car tous ne sont pas connus des utilisateurs (2).
- Il est gênant que, lors de l'ajout d'un widget, tous se décalent vers le bas (1).
- Autres (5).

Cependant, dans l'ensemble, cette fonctionnalité semble très facile d'utilisation et est bien conçue et intégrée.

4.4 *Recherche et facettes ontologiques*

Tous ont réussi à lancer la métarecherche correctement. Par contre, l'ajout d'un mot depuis les widgets aux facettes ontologiques (requis dans la tâche

3) est plus problématique. Quatre personnes disent n'y être pas parvenues et trois autres ne savent pas si elles ont réussi (figure 4), ce qui est pire car cela démontre une grande incompréhension du fonctionnement de RODIN et de la disposition de ses menus.

Figure 4
Ajout aux facettes ontologiques

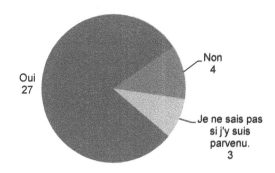

Êtes-vous parvenu à explorer un mot des résultats dans les "facettes ontologiques", en utilisant la souris uniquement?

Le fichier log indique des résultats légèrement différents : seules 25 personnes (74%) ont découvert le menu contextuel par clic droit permettant d'ajouter un mot aux facettes ontologiques, alors que les neuf autres n'y sont pas parvenues. Parmi ces neuf, deux ont tout de même trouvé cette fonctionnalité dans les tâches suivantes. La visibilité et la découverte du menu contextuel est donc une cause déterminante de l'échec de cette tâche.

Huit participants expliquent pourquoi ils n'ont pas réussi cette tâche. Parmi ces huit, six y sont pourtant parvenus selon les informations du fichier log ! Une raison principale prédomine, valable pour cinq participants : l'effet de l'action, donc du clic, n'est pas remarqué. *« Aucun résultat n'a suivi mon clic »*, *« Je n'ai pas bien compris l'action "Cliquez pour explorer..." lors du clic droit sur un terme dans les "Facetttes ontologiques" »* affirment deux participants, qui ont pourtant réussi cette tâche ! Ceci peut s'expliquer par quatre cas différents (voir figure 5) :

- Cas A. L'utilisateur ne remarque pas que le menu effectue un traitement, car seul un petit logo (en haut à gauche) change par rapport au menu normal. L'utilisateur pense donc que ça ne fonctionne pas.

- Cas B. La recherche a abouti et a fourni des résultats, mais l'utilisateur ne le remarque pas. En effet, seul le nombre de résultats obtenus s'affiche à côté du nom de l'ontologie, de manière peu visible et peu explicite. De plus, les deux ontologies restent fermées par défaut, donc cachent les résultats trouvés.

- Cas C. La recherche est terminée mais ne fournit aucun résultat, car le terme n'existe pas dans les ontologies présentes. L'utilisateur n'est pas informé de cela. Seul le nom de STW (et pas de DBpedia) apparaît en rouge pour le signifier, ce qui est peu explicite. Les sous-menus, une fois ouverts, apparaissent tout simplement vides.

- Cas D. Les résultats de la recherche précédente sont affichés dans une ontologie, et ceux de la recherche actuelle dans la seconde. De ce fait, l'utilisateur peut ne pas se rendre compte des nouveaux résultats. Dans l'exemple de la figure 5, STW affiche les résultats pour *ocean* et DBpedia pour *proceedings*. Cela prête à confusion.

Figure 5

Effet de la recherche ontologique non remarqué : quatre cas

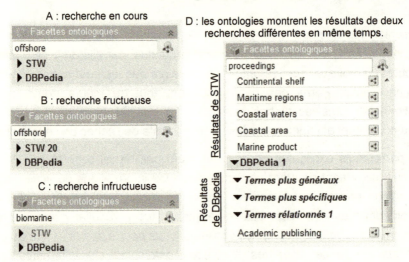

Par ailleurs, la lenteur du système lors d'une recherche ontologique peut également avoir créé des doutes chez l'utilisateur.

Certains commentaires (5) démontrent une incompréhension de cette fonctionnalité et de son but : « *Le widget des facettes ontologiques reste un mystère.* », « *N'ai pas compris comment utiliser le menu de gauche.* ». Un autre participant affirme que ça ne fonctionne pas. En étudiant son comportement dans le fichier log, on constate qu'il a lancé des requêtes locales au sein des widgets, puis a ouvert les différentes facettes ontologiques. Il s'attendait peut-être à y trouver des résultats, alors que la recherche ontologique n'est lancée automatiquement que lors d'une métarecherche.

Deux utilisateurs par contre expriment leur satisfaction, comme celui-ci : « *J'ai aimé accéder aux ontologies (pour élargir et limiter ma recherche avec des nouveaux mots-clés).* »

Cette tâche sur la recherche et les facettes ontologiques a été accomplie par les participants en 4 min 36 s en moyenne. Il est étonnant de constater que les francophones ont eu besoin de beaucoup plus de temps (6 min 30 s en moyenne) que les alémaniques (2 min 42 s). Cela est en partie dû à un utilisateur qui a vraisemblablement fait une pause car il a mis 27 min pour effectuer cette tâche. Cela démontre l'ambiguïté de cette variable. Mais dans l'ensemble, cela correspond aux cinq minutes estimées pour la tâche avant le lancement du test.

4.5 *Breadcrumbs*

Cinq des 34 participants affirment ne pas avoir réussi à utiliser les breadcrumbs et une personne ne sait pas si elle y est parvenue. Cette statistique est déjà contredite par la question suivante, qui demande pourquoi ils n'ont pas réussi : sept participants y ont répondu ! Le fichier log ne peut être utilisé pour clarifier ces chiffres, car cette fonctionnalité n'y a pas été enregistrée. Les utilisateurs sont unanimes quant aux principales causes de leur échec et citent deux raisons.

La première est que le mot *breadcrumbs* n'est pas compréhensible (11), ni par les francophones, ni par les alémaniques. Il est compliqué et sa rémanence est, par conséquent, très faible. De ce fait, les participants sont souvent incapables de le retranscrire correctement. Ils ont par exemple écrit dans leurs commentaires « broadcrumbs », « Breadcroumbs », « Breadc... » ou encore « Breadcrums ». Ce mot était en fait prévu de manière provisoire pour RODIN et ce test a pour but de trouver une meilleure dénomination. Une analyse des propositions de nouveaux termes est effectuée dans le <u>chapitre 4.8.1</u>.

La seconde cause de l'échec de la tâche est l'emplacement des breadcrumbs (5). Si on observe la page sans effectuer de clic, le mot *breadcrumbs* n'apparaît nulle part, ne désigne donc aucun menu, ce qui trouble le participant qui suit les instructions du test et cherche le mot avant de commencer la tâche. *« Je n'ai pas trouvé le terme [breadcrumbs] sur la page. »* témoigne un utilisateur. En effet, on le découvre uniquement en ouvrant le menu contextuel accessible par clic droit. Une fois ajoutés, les breadcrumbs s'affichent au-dessous du champ de la métarecherche, avec pour étiquette « Mots de recherche ajoutés ». Il y a donc deux expressions différentes pour désigner une même fonctionnalité.

Certains utilisateurs n'ont pas découvert le menu contextuel accessible par clic droit, ce qui est également une cause d'échec de cette tâche.

En résumé, trois points manquent dans RODIN pour réussir à ajouter des breadcrumbs :

- Visibilité de la fonctionnalité avant de l'utiliser : rien sur la page n'indique la possibilité d'ajouter des breadcrumbs.
- Clarté et compréhensibilité de la dénomination.
- Visibilité de la méthode d'utilisation de la fonctionnalité (clic droit).

Ces trois éléments sont présents pour la fonction de suppression des breadcrumbs : la fonction et la méthode sont visibles par la croix qui s'affiche à côté de chaque mot (figure 6). De plus, une infobulle claire et compréhensible apparaît lors du survol d'un breadcrumb : « Cliquez pour effacer ce mot. » Par conséquent, 25 des 34 participants disent y être parvenus. Il s'agit probablement de la totalité des participants ayant réellement réussi à ajouter des breadcrumbs.

Figure 6
Suppression des breadcrumbs

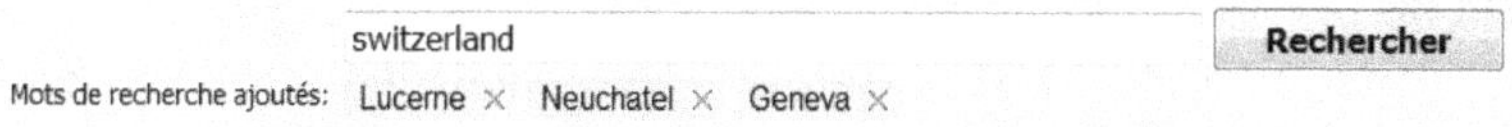

switzerland   **Rechercher**

Mots de recherche ajoutés: Lucerne ×   Neuchatel ×   Geneva ×

Sept avis négatifs ou propositions d'améliorations au sujet des breadcrumbs ont été exprimés par les participants, tous très divers, comme les trois ci-dessous par exemple :

- Message superflu de RODIN à l'ajout d'un breadcrumb déjà présent :

  « *Ich fand es unnötig, dass das System warnt, dass 1 Wort bereits in der Filterung [breadcrumbs] ist [...]* »[24]

- Modification de l'emplacement des breadcrumbs :

  « *[...] inscrire les mots de recherche ajoutés via les facettes et les références directement dans le champ de recherche, cela éviterait de devoir nommer cet espace en dessous du champ de recherche, et du coup le mot cherché est contextuellement à la bonne place. C'est étrange de cliquer sur Rechercher avec un champ vide, mais un mot-clé ajouté.* »

- Nouvelle méthode d'utilisation des breadcrumbs par glisser-déposer :

  « *[...] würde ich drag and drop einbauen (für die "Breadcrumbs").* »[25]

Une personne a néanmoins apprécié cette fonctionnalité : « *Les mots recherchés [les breadcrumbs], le fait de pouvoir les enlever ou de les rajouter est très bien.* »

De l'ensemble du test, cette tâche est celle qui a nécessité le plus du temps aux participants : 5 min 24 s en moyenne, et à nouveau bien plus aux francophones (7 min 12 s) qu'aux alémaniques (3 min 42 s). Cette tâche avait été estimée à cinq minutes, tout comme la précédente. L'efficience est donc plutôt mauvaise.

---

[24] En français : « J'ai trouvé inutile que le système avertisse lorsqu'un mot est déjà dans le filtre [Breadcrumbs]. »

[25] En français : « [...] je mettrais en place le glisser-déposer (pour les "Breadcrumbs"). »

4.6 Filtrage

Cette tâche a suscité beaucoup d'incompréhension, car cinq participants affirment ne pas savoir s'ils l'ont réussie. 22 disent l'avoir réussie, tandis que sept ont échoué (figure 7). Globalement, ces résultats sont moins bons que ceux des deux tâches précédentes. Les utilisateurs ont également passé moins de temps à effectuer cette tâche : en moyenne 2 min 54 s, sans différence significative entre romands et alémaniques.

Figure 7
Utilisation du filtrage

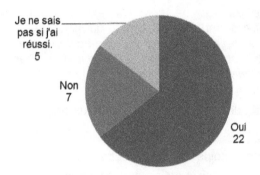

Avez-vous réussi à utiliser la fonction de filtrage de termes?

Je ne sais pas si j'ai réussi. 5

Non 7

Oui 22

La confusion des utilisateurs transparaît dans les réponses à la question « Si oui [s'ils ont réussi à utiliser le filtrage], avez-vous réussi à ajouter l'un des termes retenus aux "breadcrumbs" ? (Si non, cliquez simplement sur SUIVANT.) ». En effet, cette question a obtenu 26 oui, trois non et cinq personnes l'ont passée en cliquant sur *suivant*. Ce n'est pas logique car seulement 22 personnes ont réussi à utiliser le filtre ; il n'aurait dû y avoir que 22 réponses. Cette question sera donc ignorée dans l'analyse.

Cette incohérence entre les deux questions résulte sans doute du fait qu'il s'agit de deux fonctions de filtrage que l'on peut confondre, comme le témoigne un utilisateur : *« Ich habe lange nicht verstanden, was der Unterschied zwischen "Filter/filtern" und "Breadcrumb/zur Breadcrumb hinzufügen" ist. Nun denke ich, dass es dasselbe ist. »*[26] La différence est pourtant claire : le filtrage filtre un résultat choisi à l'intérieur d'un widget et les breadcrumbs filtrent la recherche principale. Néanmoins, la terminologie utilisée dans RODIN et dans les tâches et questions du test a posé problème.

4.7 *Représentation graphique*

Bien que cette tâche ait été présentée comme facultative, tous les utilisateurs sauf un y ont participé, et le taux de réussite est excellent : 31 bonnes réponses, une mauvaise réponse et un échec (figure 8). De plus, les participants n'ont pas eu besoin de beaucoup de temps pour accomplir la tâche : 2 min 29 s en moyenne et, comme dans les autres exercices, un peu plus de temps pour les francophones (2 min 43 s) que pour les alémaniques (2 min 14 s).

Figure 8
Question sur la représentation graphique

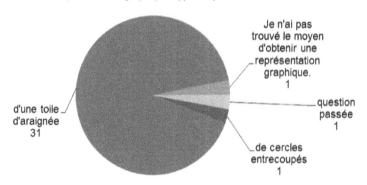

La représentation graphique apparaît plutôt sous la forme...

Cette rapidité traduit une bonne visibilité de la représentation graphique. Néanmoins, cette visibilité peut s'expliquer par le fait qu'il s'agit de la dernière tâche du test. Les participants étaient sans doute déjà tombés par hasard sur cette fonctionnalité en essayant d'effectuer les tâches précédentes et se souvenaient donc de la manière de l'utiliser.

---

[26] En français : « Je n'ai pas compris pendant longtemps la différence entre "filtre/filtrer" et "breadcrumb/ajouter aux breadcrumbs". Je pense à présent que c'est la même chose. »

Sept commentaires des participants sont plutôt négatifs à propos de la représentation graphique. Ils concernent des aspects très variés, notamment :

- Navigation pénible dans le schéma (2) :

  « *Das Bewegen in der dynamischen Grafik ist eher mühsam und bringt mich zuwenig weiter, als dass ich da viel Geduld aufwenden würde.* »[27]

- Remise en question de l'utilité dans le cadre d'une recherche (comme le manifeste également le commentaire précédent) (2) :

  « *[…] je n'ai pas encore trouvé une application concrète pour une recherche ou l'utiliser comme filtre.* »

- Hiérarchie des termes trop peu visible (un utilisateur ne l'a pas remarquée) :

  « *Graphische Darstellung bei den ontologischen Facetten ist nicht hierarchisiert. Sieht zwar gut aus, aber welches sind die Ober- welches die Unterbegriffe?* »[28]

- Trop peu attractif et interactif :

  « *Die dynamische Grafik würde ich noch interaktiver gestalten und viel "anmächeliger" (s.z.B. EBSCO-Datenbank).* »[29]

Malgré cela, trois participants ont signalé qu'ils ont aimé globalement la représentation graphique, même si deux des trois ont également émis des critiques.

4.8 *Nomenclature et textes de l'interface*

Cet aspect est l'un des plus gros problèmes de RODIN : 28 des 34 participants l'ont mentionné dans leurs commentaires, notamment dans la liste des choses à améliorer : « *einfachere Beschriftungen* », « *die verwendeten Begriffe an den "Normal"-User anpassen* », « *die*

---

[27] En français : « Le déplacement dans le graphique dynamique est plutôt pénible et ne m'apporte très peu sinon que j'ai dû y consacrer beaucoup de patience. »

[28] En français : « La représentation graphique des facettes ontologiques n'est pas hiérarchisée. Il est vrai que c'est joli, mais quels sont les termes plus généraux et plus spécifiques ? »

[29] En français : « Je rendrais le graphique dynamique encore plus interactif et beaucoup plus attrayant. »

Begrifflichkeit », « "Bessere" Begriffe »[30], « Renommer certaines choses », etc.

Les problèmes de dénomination de deux fonctions (les breadcrumbs et les facettes ontologiques) étaient déjà connus avant le début du test. C'est précisément l'une des raisons d'être de ce test : trouver de meilleures solutions, en collaboration avec les utilisateurs, pour remplacer ces termes provisoires. Voici, suivant le nombre de remarques négatives reçues, les fonctions dont la désignation pose problème :

1. Les ontologies elles-mêmes, STW et DBpedia (12).
2. Les breadcrumbs (11).
3. Les facettes ontologiques (10).
4. Les widgets (5).

La qualité des textes en français a également été critiquée par cinq participants, alors que l'interface en allemand n'a pas reçu de commentaires (l'interface en anglais n'a pas été évaluée).

4.8.1 « STW » et « DBpedia »

Les participants se sont beaucoup interrogés sur ces deux abréviations :

En début de test : *« Pas d'aide/information/explication sur l'intitulé des rubriques (ex. STW = ?). »*

« [En début de test :] Mir gefallen die Beschriftungen der Elemente links nicht. Unter STW (ev. Stichworte) und DPPedia kann ich mir nichts vorstellen. [En fin de test :] Der Sinn und Unterschied der zwei verschiedenen Ontologien DBPedia 29 und STW 14 erschliesst sich mir nicht. »[31]

En fin de test : *« Il manque une présentation des deux thésaurus utilisés (DBPedia + STW). »*

---

[30] En français : « des intitulés plus simples », « adapter les termes utilisés à l'utilisateur "normal" », « la terminologie », « de "meilleurs" termes »

[31] En français : « [Au début du test :] Les intitulés des éléments à gauche ne me plaisent pas. Je ne peux rien me représenter sous les noms STW (év. Stichworte [mots-clés]) et DBpedia. [En fin de test :] Le sens et la différence des deux ontologies DBpedia 29 et STW 14 restent un mystère pour moi. »

En fin de test : « *Qu'est-ce que stw 14, dbpedia 29?* »

Ces commentaires démontrent que les participants ne connaissent pas du tout ces deux ontologies, ni leurs noms ou abréviations. Et souvent ils n'arrivent pas non plus à en comprendre le sens par l'utilisation au cours du test. Ces intitulés leur sont tellement inconnus qu'ils ne les distinguent pas du nombre de résultats affichés, même en fin de test, croyant qu'il s'agit d'un nom : DBPedia 29, STW 14.

De ce fait, à cause de leur incompréhensibilité, ces désignations ne leur permettent pas de choisir l'une ou l'autre des deux ontologies dans le cadre de leurs recherches. Les participants n'ont aucun moyen d'en connaître les différences. C'est pourquoi une présentation des deux ontologies dans RODIN est souhaitée.

4.8.2 « Breadcrumbs »

Traduit littéralement en français, *breadcrumb* signifie *miette de pain*. Utilisé en informatique, cela correspond à l'expression *fil d'Ariane*. Il s'agit d'une aide à la navigation au sein d'un site web (Krug, 2006 : 76). La langue anglaise utilise ce mot par allusion au *Petit Poucet*, qui sème des miettes pour retrouver son chemin (Fil d'Ariane (ergonomie), *Wikipédia*, 2012), alors que la langue française a préféré des références à la mythologie grecque.

Un participant s'est plaint de l'utilisation d'un anglicisme avec ce mot. Le remplacer par l'expression *fil d'Ariane* est pourtant impossible, car dans RODIN, les breadcrumbs servent à affiner une recherche, et non à naviguer sur le site. La difficulté est que l'expression choisie doit être en même temps courte et explicite. Voici en vrac les propositions des utilisateurs pour remplacer *breadcrumbs* (le nombre entre parenthèse signifie que plusieurs participants ont fourni la même réponse) :

- En français : affiner la recherche (2), ajouter ce terme à la recherche, chercher/affiner dans ces résultats, contextualisation, fil rouge, mots de recherche (2), termes de recherche, termes-filtres, terme d'affinage, sujets supplémentaires, mots-matières, mots-clés (2).
- En allemand : Auswahl, Stichworte, Suchbegriffe (4), Suchbereich verfeinern, Suche verfeinern (2), Sucheingrenzung, Thesaurus-Begriffe, Treffereinschränkung, weitere Suchbegriffe, zusätzliche Suchbegriffe (2), Zusatz, Zusatzbegriffe.

Pris individuellement, les concepts ressortant le plus souvent sont :

1. Terme, mot = Begriff, Wort (19). Les francophones citent plus souvent *mot* (5) que *terme* (4) alors que les alémaniques plébiscitent *Begriff* (9) plutôt que *Wort* (1).
2. Rechercher, chercher = Such-, suchen (17)
3. Affiner = verfeinern, eingrenzen, einschränken (9)
4. Ajouter, supplémentaire = Zusatz- (6)

Sur la base de ces statistiques, voici deux propositions de remplacement de l'expression du menu contextuel de RODIN[32] (figure 9), sur la base de ce qui existe déjà :

Cliquez pour ajouter ce mot/terme à la recherche = Klicken Sie, um diesen Begriff zur Suche hinzuzufügen

Cliquez pour affiner la recherche avec ce mot/terme = Klicken Sie, um die Suche mit diesem Begriff zu verfeinern

Figure 9
Menu contextuel de RODIN

La notion d'affinage suggère que la recherche sera directement actualisée, sans devoir la relancer. En français, *mot* est plus général et plus court que *terme*, donc peut-être plus intéressant dans ce contexte.

---

[32] Menu contextuel: « Cliquez pour ajouter le mot aux breadcrumbs » et « Klicken Sie, um den Begriff zu den Breadcrumbs hinzuzufügen »

Normalement, les actions à choix dans un menu contextuel s'affichent sur une seule ligne, contrairement à celles de RODIN (figure 9). Par souci de simplification, l'expression devrait être raccourcie :

- Suppression de « Cliquez pour »[33] sans perte d'information pour l'utilisateur (la seule action possible dans le menu contextuel est le clic) :

Ajouter ce mot à la recherche = Diesen Begriff zur Suche hinzufügen

- Suppression de « mot », car le participant l'a sélectionné lui-même et sait de quoi il s'agit. De plus, le mot en question apparaît comme titre du menu contextuel.

Ajouter à la recherche = Zur Suche hinzufügen

4.8.3 « Facettes ontologiques »

« Il manque une définition du terme "ontologie". », « Je n'ai pas encore compris ce qu'est une facette ontologique. », « Verständnisprobleme für User : der Begriff "Ontologische Facetten". »[34]

Ces trois phrases traduisent un problème de compréhension de cette dénomination. Cette dernière est plus complexe que celle des breadcrumbs, car elle concerne un concept qui n'est pas forcément connu des utilisateurs : l'ontologie. Dans ce cas, il y a deux possibilités : conserver le terme le plus exact possible, même si tous ne le comprennent pas (comme *facettes ontologiques*), ou choisir un terme plus simple et accessible, au risque qu'il soit moins exact. Steve Krug, un spécialiste reconnu dans le domaine de l'utilisabilité, affirme qu'« en cas d'hésitation, la balance doit pencher en faveur de "évident pour tout le monde" » (Krug, 2006 : 14). Quant au terme *facette*, il signifie au sens figuré « chacun des aspects présenté par qqun, qqch » (*Le petit Larousse 2009*). Les facettes ontologiques de RODIN proposent d'autres termes autour du mot recherché, qui ne sont pas forcément des *aspects* de ce mot. L'expression *facettes* n'est donc pas, du point de vue strictement linguistique, la plus appropriée dans ce cas.

---

[33] Si cette solution est choisie pour le menu contextuel de RODIN, elle devra l'être également pour tout le site (infobulles, etc.).

[34] En français : « Problèmes de compréhension pour l'utilisateur : le terme "Facettes ontologiques". »

Comme suggestions de nouvelles dénominations, les participants ont proposé (en vrac) :

- En français : association d'idées, autour de..., autres catégories en lien, classification par facettes, dictionnaire ontologique, élargir/restreindre la recherche, environnement, environnement sémantique, facettes (3), indexation, liens sémantiques, liste de mots-clés, mapping, ontologies, recherche avec des termes similaires, sujets, table des matières, tags officiels, tags normalisés, termes liés, thésaurus (5), thèmes associés, vocabulaire, voir aussi.
- En allemand : ähnliche Begriffe, Begriffe in Beziehung zu..., Begriffshierarchie (2), Begriffsnetz (2), Begriffsuche, Beziehungen, Breiter-genauer-ähnlich, Hierarchie der Stichworte, Schlagwortindex, Stichworte, Stichworthierarchie, Stichwortnetzwerk, überbegriffe-unterbegriffe-ähnliches, verwandte Begriffe (2), Verwandtschaften, Wort einbetten, zugehörige Begriffe.

Les principaux concepts, pris individuellement, sont :

1. Catégories, idées, matières, mots-clés, sujets, tags, termes, thèmes = Begriffe, Schlagworte, Stichworte (24).
2. Associé, autour de, lié, similaire = ähnlich, Beziehung, verwandt (15).
3. Classification, dictionnaire, indexation, ontologie, thésaurus, vocabulaire = Hierarchie, Index (14). Ce concept suppose un ensemble de mots organisés.
4. Environnement, mapping = Netz(werk) (6). Ce concept décrit un ensemble de mots en réseau mais pas forcément organisés.

Le concept 2 est central car il indique le lien avec le mot recherché dans les facettes ontologiques. Le concept 3 est intéressant mais peu exact, et il ne peut que difficilement être combiné avec le concept 2. Le concept 4 est l'équivalent moins précis du concept 3, il est ainsi mis de côté. Enfin, le concept 1 a été plébiscité par comparaison aux autres, il semble donc important. L'idée de termes contrôlés (« *normalisés* », « *officiels* », « *thésaurus* ») ressort très nettement chez les francophones mais pas du tout chez les alémaniques. Elle est donc écartée. Le plus judicieux est par conséquent une composition *concept 1 + concept 2* (tableau 1).

Tableau 1

Choix de dénominations des facettes ontologiques

Français		Allemand	
catégories (1) idées (1) matières (1) mots-clés (1) sujets (1) tags (2) termes (2) thèmes (1)	associé-e-s (1) lié-e-s [lien] (3) similaires (1)	ähnliche (2) verwandte (3)	Begriffe (11) Schlagworte (4) Stichworte (1)

En français dans le tableau 1, les mots *mots-clés*, *sujets*, *termes* et *thèmes* semblent être les plus utilisés dans l'environnement de la recherche. Le mot *catégories* ne représente pas un concept, *idées* est un mot intéressant mais relativement vague et pas courant dans les outils de recherche sur le web. *Matières* fait référence à un ouvrage imprimé où l'on trouve une table des matières. *Tags* est un anglicisme. Quant aux adjectifs, *associé* est le plus souvent utilisé dans ce contexte.

En allemand, le mot *Begriffe* semble clairement préféré aux deux autres, tout comme l'adjectif *verwandte* par rapport à *ähnliche*.

Au final, un nombre restreint de propositions sort du lot : *mots-clés associés, sujets associés, termes associés, thèmes associés = ähnliche Begriffe, verwandte Begriffe*. Les plus courants sont sans doute : *termes associés = verwandte Begriffe*.

Ces propositions dépendent évidemment des sensibilités de chacun. Pour connaître les mots les plus appropriés pour le plus grand nombre de personnes possible, une étude plus approfondie devrait être réalisée. Dans tous les cas, la méthodologie suivie pour l'élaboration de ces propositions est là dans le but de laisser la possibilité aux responsables de RODIN d'effectuer leur propre choix.

4.8.4 « Widgets »

Le terme *widget* a également été critiqué plusieurs fois par les utilisateurs :
« [der] *Begriff Widgets ist nicht verständlich.* »[35].

Ce mot résulte de la contraction de *window* et *gadget*. Il s'agit donc d'un anglicisme qui, à l'heure du web 2.0, est de plus en plus souvent utilisé, mais pas encore compris par tout le monde. Le magazine Futura-Sciences définit ce terme ainsi :

> *Les widgets, assemblage d'HTML, de CSS et de Javascript (et occasionnellement un langage compilé), sont des applications utilisées occasionnellement, de petits outils permettant d'obtenir de l'information (calculatrice, post-it, lecteur RSS...).* (Futura-Sciences, 2012)

Dans le contexte de RODIN, ce terme ne donne pas d'indication sur le contenu de ces applications, qui est pourtant spécifique : chaque widget représente une source d'information issue du web. Aucun (pour l'instant) ne peut être utilisé comme calculatrice, outil de notes personnelles ou tout autre gadget connu. Au lieu de « Ajouter des widgets », une nouvelle désignation pourrait donc être introduite :

- Ajouter des sources d'information = Informationsquellen hinzufügen
- Choisir des sources d'information = Informationsquellen auswählen

4.8.5 Textes en français

Quelques participants ont fait des remarques sur la qualité générale des textes en français : « *[...] et je ne parle pas des traductions...* », « *Attention à la qualité du français (orthographe) des interfaces.* ».

Il a été remarqué que l'interface française est une traduction de l'anglais ou de l'allemand, comportant plusieurs erreurs. Certains commentaires abordent des aspects précis :

- L'expression « Cliquez à droite », qui apparaît lorsqu'on survole un mot dans les widgets avec la souris, ne s'utilise pas en français.
- Le titre du menu des widgets comporte une faute de frappe.
- Les traductions sont incomplètes dans les options des widgets.

---

[35] En français : « [le] terme widgets n'est pas compréhensible. »

4.9 *Résultats fournis*

Les résultats fournis par RODIN ont provoqué les commentaires de 14 participants, concernant trois aspects.

1. L'aspect le plus critiqué, avec huit avis négatifs, est l'affichage des résultats au sein des widgets :

- Les résultats sont trop petits ou peu lisibles (3).

  « Les images (résultats après recherches) de flickr sont trop petites. »

  « La présentation des résultats parfois peu lisibles en fonction des sources (ArXiv par exemple est spécialement obscure). »

- Le nombre de résultats affichés n'est pas toujours bien compris (3). Un participant s'est étonné de ne recevoir que 10 images dans Flickr : il n'avait pas remarqué la limitation du nombre de résultats affichés. Un autre pense également que le nombre par défaut de « 10 » pour les résultats de Flickr est trop petit. Un troisième affirme que le nombre « 20 » dans les widgets (nombre de résultats à afficher) n'est pas explicite.

  Ces critiques traduisent une incohérence. Le nombre de résultats à afficher peut être déterminé à deux endroits dans RODIN : sous la barre de recherche principale (10 par défaut) et dans chaque widget (20 par défaut). La configuration sous la recherche principale prime sur celle de chaque widget. Cette dernière ne s'applique donc que lors d'une requête locale au widget.

- Les effets de la modification de l'affichage sont mal compris (1).

- Des barres obliques inversées apparaissent parfois dans les résultats de certains widgets, par exemple Delicious (figure 10), juste avant les apostrophes (1), ce qui gêne ensuite la recherche ontologique ou l'ajout du mot aux breadcrumbs.

Cependant, l'affichage des résultats a aussi reçu deux avis positifs : une personne a aimé l'affichage des images dans Flickr tandis qu'une autre a apprécié la possibilité de pouvoir modifier l'affichage selon trois configurations différentes.

2. La manière d'accéder au résultat complet (par exemple l'article intégral, l'image en grand ou la notice détaillée) est le second aspect problématique. Cinq participants l'ont commenté, notamment l'endroit où il faut cliquer pour y accéder :

Figure 10

Barres obliques intruses dans les résultats

16 🔍 Le monde de l\'ornithologie Bird watching
(RieckStudios\\video)

17 🔍 Un tuto pour raliser de jolis oiseaux colors en
tissu Closeupfactory Le blog d\'Alfafa

18 🔍 Cration d\'un mobile avec des oiseaux en tissus
petit tuto Des pois dans l\'atelier de mazette

⬇

Mots de recherche ajoutés: d\'Alfafa ✕   l\'atelier ✕

« *Möchte man sich einen Treffer anzeigen lassen, klickt man gewohnheitsmässig auf die Lupe, doch dort ist die Filterfunktion und nicht die Trefferanzeige.* »[36]

« *Um das Dokument zu öffnen muss man auf die Zahl in den Trefferresultaten klicken. Das hatte ich so nicht erwartet.* »[37]

Deux personnes disent qu'elles n'ont pas découvert le moyen d'atteindre le résultat complet. Ce problème dépend principalement de l'icône représentant le lien vers ce résultat et du pointeur de la souris au survol de cette icône. Ces deux éléments varient d'un widget à l'autre. La figure 11 montre deux cas différents :

- ArXiv.org : l'icône est un simple chiffre, très petit et peu explicite. De plus, le pointeur de la souris se transforme, lors du survol, en pointeur de sélection de texte, ce qui n'a aucun rapport avec un lien.

---

[36] En français : « Si l'on souhaite afficher un résultat, on clique par habitude sur la loupe, mais il s'agit en fait du filtrage et non pas de l'affichage du résultat. »
[37] En français : « Pour ouvrir le document, on doit cliquer sur le chiffre dans les résultats. Je ne me suis pas attendu à cela. »

- Google Books : l'icône est très visible et représente le document concerné (un livre en l'occurrence). Le pointeur se transforme en main lors du survol, ce qui indique la présence d'un lien hypertexte.

Figure 11
Divers icônes et pointeurs pour accéder au résultat complet

3. Enfin, le troisième aspect qui surprend (quatre utilisateurs ont émis des avis critiques) est le contenu des résultats :

- Aucun résultat obtenu dans les facettes ontologiques (4 commentaires).

  Selon le fichier log, les recherches effectuées étaient entre autres *picasso*, *biomarine*, *bishorn* et de nombreux termes en français. Ces derniers ne sont pas présents dans les deux ontologies car elles sont en anglais et en allemand uniquement (voir le point 3 du chapitre 4.12). Les noms propres tels que Picasso ou Cameron s'affichent dans DBpedia uniquement lorsqu'ils sont recherchés entièrement, nom et prénom : *pablo picasso* donne 23 résultats et *james cameron* 10 résultats. Il s'agit donc vraisemblablement d'une recherche par expression exacte plutôt que par mots-clés. Quant au terme *bishorn*, il est tout simplement trop spécifique et ne donne aucun résultat.

- Incohérences des résultats obtenus par rapport à la recherche effectuée (3 commentaires).

  Le widget Flickr propose des images sans lien avec la recherche (par exemple pour les requêtes *don juan* ou *bern*). Dans tous les cas, pour une même recherche, les résultats sont complètement différents dans RODIN et sur le site officiel de Flickr. En outre, la requête *bern* fournit des résultats incohérents dans STW.

4.10 Aspects visuels

Aucune question du test n'était ciblée sur le graphisme de RODIN. Toutefois, 24 participants ont écrit spontanément une quarantaine de commentaires à ce sujet. Évidemment, comme ces opinions touchent à l'aspect visuel, elles sont très subjectives et varient énormément d'une personne à l'autre.

L'apparence du site dans son ensemble a obtenu neuf avis négatifs : *« pas très "convivial" en présentation »*, *« pas spécialement "sexy" »*, *« trop typé prototype »*, *« très mauvais, on dirait un site 1ère génération »*, *« nicht sehr attraktiv »*[38], etc. Néanmoins, sept commentaires favorables ont été écrits : *« visuel agréable »*, *« design épuré »*, *« sobriété de l'interface »*, *« graphisch ansprechend »*, *« Ansprechendes Layout »*[39], etc.

Quatre aspects ont été critiqués plus particulièrement :

- La taille et la police des textes (7).

  En général, les participants trouvent les textes trop petits et peu visibles, notamment les titres des rubriques (4) : *« Ergebnisanzeigen sind etwas klein. »*[40]. Ils suggèrent des améliorations : *« les intitulés des menus un peu plus grands et plus visibles »*, *« des onglets écrits en gras »*.

  Les tailles et les polices varient (3) : *« Garder la même police pour les widgets et les facettes ontologiques »*.

- Les couleurs (6).

  Elles sont mal choisies dans l'ensemble (2). Elles sont trop pâles et forment des contrastes trop faibles (2) : *« moins de blanc sur orange (fatiguant) »*, *« zu blasse Farben (Abstufung zu Logo in orange und Hintergrund in sand zu schwach »*[41]. L'interface n'est pas assez colorée (2).

  Une personne a toutefois apprécié la douceur des couleurs.

---

[38] En français : « pas très attractif »

[39] En français : « graphiquement agréable », « mise en page agréable »

[40] En français : « Les résultats sont affichés trop petits. »

[41] En français : « des couleurs trop pâles (contraste entre le logo orange et le fond couleur sable trop faible »

- La barre de recherche principale (6).

Elle est trop peu visible (4) :

« Je me rends compte à l'instant que mon attention a été directement dirigée vers les widgets... et que je n'ai même pas testé la fonction de recherche en haut de page... »

« Je n'avais pas vu qu'il y avait un champ de recherche tout en haut de la page (!) »

Juste après la tâche de navigation libre, ce participant n'a pas encore remarqué la barre de recherche principale : *« Au vu des premiers éléments je suis sceptique... pourquoi devoir faire trois fois la même recherche (ou plus), rien d'agrégé ? »*

Elle est mal placée (2) : un participant la placerait sur la gauche et un autre encore un peu plus haut.

- Les icônes (5).

Les symboles sont peu explicites et peu compréhensibles (3) :

« L'iconographie pourrait être encore plus précise. Par exemple, l'icône à la droite du champ de recherche dans les facettes ontologiques prête à confusion. La loupe suffit et représente l'action exacte (je m'attendais à obtenir également le visuel du mot de recherche). »

« Es wäre z. T. vielleicht sinnvoller einen "erklärenden" Link zu machen statt einem Symbol. Also z. B. zu schreiben "visuelle Darstellung" als Link statt dem Symbol (dass eine Erklärung kommt, wenn man mit der Maus darauf geht, ahnen nur geübte User). »[42]

Le logo de RODIN est trop pixelisé (2).

4.11 Manque d'informations de l'interface

Le manque d'informations sur RODIN est un point faible qui a été relevé par beaucoup : 23 des 34 participants l'ont mentionné dans leurs commentaires. Les informations souhaitées peuvent être classées en deux catégories.

---

[42] En français : « Parfois, il serait peut-être plus judicieux de mettre un lien "explicatif" à la place d'un symbole (seuls les utilisateurs expérimentés se doutent qu'une explication apparaît lors du survol avec la souris). »

1. Celles de la première catégorie sont de type « aide en ligne » (17). De nombreux utilisateurs ont exprimé leur égarement face aux nombreuses possibilités qui s'offraient à eux et une description des fonctionnalités de RODIN est très clairement souhaitée :

> « *Viele Eingabefenster, man kann an vielen Orten etwas machen aber man weiss nicht was... Insgesamt vier Suchfenster. Nicht klar worin man im obersten Suchfenster sucht. [...] Ich habe keine Ahnung [...] was ich da machen kann.* »[43]

> « *Es fehlt eine Erklärung, was man genau tun kann bzw. tun soll.* »[44]

> « *L'aspect didactique manque totalement.* »

> « *Et un élément essentiel manque à l'interface, ou du moins je ne l'ai pas trouvé : une aide.* »

Pour pallier à ce manque, les participants ont fait diverses propositions :

1. Une page d'aide : « *Une page introductive ou didactique qui explique les différentes fonctionnalités serait utile.* »

2. Une vidéo : « *Ajouter une vidéo de présentation courte montrant les différentes fonctionnalités.* »

3. Des aides ponctuelles : « *Ajout de pop-ups d'aides.* »

4. Un tutoriel : « *Schön wäre eine Art interaktives Lernprogramm (ähnlich diesem Usability-Test).* »[45]

5. Une organisation didactique de la page : « *Ich würde die Anordnung anpassen, damit klar ist, was man sinnvollerweise der Reihe nach macht. Also : zuoberst : "Wählen Sie Ihre Quellen". Dann : Suche entweder via Begriffsnetz (Unterschiede der zwei dortigen Systeme sichtbar machen !) oder via Stichwortsuche.* »[46]

---

[43] En français : « Beaucoup de fenêtres d'entrée, on peut faire des choses à beaucoup d'endroits mais on ne sait pas quoi... En tout quatre fenêtres de recherche. Où l'on recherche avec le champ de recherche du haut n'est pas clair. [...] Je n'ai aucune idée [...] de ce que je peux faire ici. »

[44] En français : « Il manque une explication de ce que l'on peut faire exactement ou de ce que l'on devrait faire. »

[45] En français : « Ce serait bien d'avoir une sorte de tutoriel interactif (semblable à ce test d'utilisabilité). »

[46] En français : « J'adapterais l'organisation de la page, pour que l'ordre des actions à effectuer soit clair. Donc : tout en haut : "Choisissez vos sources". Puis : recherche soit par le réseau de termes (mettre en évidence les différences des deux systèmes présents !), soit par mots-clés. »

Les responsables de RODIN étaient conscients de la nécessité d'une aide sur le site, mais ils ont attendu les résultats de ce test pour pouvoir la concevoir au plus près des besoins des utilisateurs. Beaucoup des commentaires de ces derniers vont dans le sens d'une aide présentée spontanément, sans que l'on doive cliquer sur un menu dédié, comme par exemple des pop-ups ou une organisation plus didactique des éléments de la page. De plus, les participants ont besoin d'une aide qui leur présente l'ensemble des fonctionnalités de RODIN, et non pas un outil qui les aide uniquement en cas de problème.

2. La seconde catégorie d'informations souhaitées concerne RODIN lui-même (15) : qu'est-ce exactement, pourquoi est-ce utile et à qui est-ce adressé ?

« Aucune idée à priori de ce qu'est RODIN et pas d'information disponible à ce niveau-là. »

« De manière générale l'usability me semble plutôt bonne, par contre, je ne suis pas certaine du usefulness de cet outil. On se retrouve devant la problématique "Sieht schön aus, aber was bringt mir das?"[47] »

« Sinn und Zweck der Webseite ist nicht intuitiv erfassbar. [...] Wichtig ist, dass ich schnell erkennen kann, was ich mit RODIN alles kann (z.B. warum RODIN besser sein kann als swissbib). »[48]

« Der tiefere Sinn des ganzen erschliesst sich mir nicht. Es fehlt mir die Angabe, was damit tun soll. Mir ist bis jetzt nicht klar, unter welchen Umständen mir Rodin was bringt. »[49]

« Ich habe keine Ahnung wo ich hier bin, an wen sich diese Seite wendet [...] Ich habe mich sehr verloren gefühlt und bin etwas frustriert. »[50]

---

[47] En français : « C'est beau mais ça m'apporte quoi ? »

[48] En français : « Le sens et le but de la page ne sont pas perceptibles intuitivement. [...] Il est important que je puisse identifier rapidement tout ce que je peux faire avec RODIN (par exemple pourquoi RODIN peut être mieux que Swissbib). »

[49] En français : « Le sens profond du tout reste un mystère pour moi. Il me manque l'indication de ce que l'on doit faire. Ce qu'apporte RODIN, et dans quelles circonstances, n'est toujours pas clair pour moi. »

[50] En français : « Je ne sais pas du tout où je suis, à qui s'adresse cette page [...] Je me suis senti très perdu et suis quelque peu frustré. »

Les utilisateurs ont beaucoup de peine à trouver un sens à RODIN, à en comprendre la plus-value apportée, par comparaison à des sites concurrents plus simples tels Google. RODIN ne se *vend* pas assez bien sur sa propre page.

4.12 *Autres points faibles*

1. Nombre de participants au test ont fait part de **dysfonctionnements techniques (14)** de RODIN. Les commentaires sont parfois vagues, donc pas toujours prouvables par le fichier log. Une personne peut penser que c'est un problème technique alors qu'en réalité, elle-même a commis une erreur (de frappe, de manipulation, etc.) sans le savoir ou n'a tout simplement pas eu la patience d'attendre une réponse du système. Ce cas de figure n'en est pas moins grave et reflète une difficulté d'utilisation du site. Voici ci-dessous deux problèmes rencontrés par plusieurs utilisateurs dans les widgets, et prouvés :

- Aucun résultat obtenu (9) : les widgets mentionnés sont Le Temps Archives (2), Google Books (2), Delicious (1), Flickr (1) et ZBZ Maps (1). Le Temps Archives et ZBZ Maps ne fonctionnent réellement pas du tout. Pour les autres, il doit s'agir de vrais dysfonctionnements techniques ponctuels, car les recherches effectuées auraient dû aboutir à des résultats :

  « *J'ai fait une recherche onion, je trouve des images flickr, pas de google books.* » Ce participant a relancé deux fois sa recherche.

  « *Google Books kann keine Treffer liefern.* » Recherches : *gurten, panorama.*

  « *J'ai fait plusieurs essais avec flickr mais chaque recherche m'annonce aucun résultat.* » Recherches : *brooklyn, backwell, marguerite.*

- Messages d'erreur dans Swissbib (2), par exemple lorsque l'on souhaite afficher un plus grand nombre de résultats.

- Superposition des menus contextuels de Mozilla Firefox et de RODIN (1). Un seul participant s'est plaint de ce problème[51]. Il utilisait une

---

[51] Commentaire du participant : « Problem : Nach dem Klicken der rechten Maustaste überlagert das Kontextmenü von Firefox das Menü von Rodin, so dass ich nicht sehen kann, was zur Auswahl steht! » (En français : « Problème : après le clic droit, le menu contextuel de Firefox recouvre le menu de Rodin de telle manière que je ne peux plus voir les choix à disposition. »)

version Alpha de Firefox (version 7.0a1, peu stable et destinée à des développeurs), ce qui peut en être la cause. Néanmoins, afin de vérifier ce fait, plusieurs essais ont été réalisés sur une version normale et actuelle du même navigateur (Firefox 13.0.1, juin 2012) : ce cas s'est également produit, mais uniquement au sein de la représentation graphique lorsqu'elle est en mode « plein écran ».

Enfin, les participants ont cité quelques autres problèmes difficilement vérifiables : les facettes ontologiques ne fonctionnent pas, la représentation graphique n'est jamais apparue, etc.

2. La **lenteur du système (7)** a été beaucoup critiquée, bien que les participants en aient été avertis avant le début du test. Une personne explique qu'elle a même dû interrompre sa recherche à cause du temps d'attente trop long.[52] Dans un tel cas, il peut également s'agir d'un dysfonctionnement technique de RODIN.

3. Le problème de la **langue des ontologies (5)** a été relevé directement par deux personnes, mais trois autres se sont plaintes de n'avoir obtenu aucun résultat après y avoir recherché des termes en français. Ces dernières ont signalé un problème technique des facettes ontologiques, car elles ne savaient tout simplement pas que DBpedia n'est qu'en anglais et STW en anglais et allemand. Par exemple, *phonologie* ne donne aucun résultat alors que *phonology* obtient 17 réponses dans DBpedia. Un participant développe un peu la réflexion :

> « J'ai l'impression que les facettes ontologiques ne fonctionnent qu'avec des termes anglais. Cela pose problème notamment lorsque l'on fait une recherche dans swissbib si l'indexation est francophone. [...] Je pense que le problème de la langue, compatibilité des équations de recherche est plutôt limitant. Je ne vais pas utiliser les mêmes termes de recherche si je cherche dans un moteur francophone ou anglophone. Du coup, je m'interroge pour quelqu'un qui n'est pas familiarisé avec les recherches en BDDs. Ne va-t-il pas faire une recherche globale sans chercher à modifier sa recherche en fonction des répertoires utilisés ? Du coup, il aura des résultats qui seront très partiels et peut-être ne s'inquiétera-t-il pas d'approfondir sa recherche... »

---

[52] Commentaire du participant : « Probleme : Extrem lange Suche, welche ich abgebrochen habe. » (En français : « Problème : Recherche extrêmement lente, que j'ai interrompue. »)

Le système complet de la recherche ontologique est ainsi remis en cause : quel lien, ou comment peut-on tisser un lien entre des widgets principalement en français ou en allemand (Swissbib, Le Temps Archives, Viaticalpes) et des facettes ontologiques en anglais uniquement ? Des fonctions telles que l'exploration d'un mot dans les facettes par le clic droit sont de ce fait inutiles, des participants sont induits en erreur et cela nuit à l'utilisabilité du système.

4. Plusieurs commentaires ont été faits sur l'**organisation et la structure (5)** de la page de RODIN. Un participant trouve qu'elle « *donne l'impression d'être un montage d'outil sans réelle organisation, un draft* ». Pour un autre, le lien entre les différentes entités de la page n'est pas évident. Des commentaires proposent de mettre moins en évidence l'historique des recherches ou de placer les facettes ontologiques plutôt à droite. Ces avis sont très subjectifs. En effet, six commentaires positifs ont également été faits à ce sujet (voir chapitre 4.13).

5. Le **menu contextuel (3)** de RODIN est très controversé, bien que seuls trois commentaires le concernent directement. En effet, plusieurs personnes ne l'ont pas du tout découvert pour réaliser la tâche 3 du test. Il n'est visible qu'après une action de l'utilisateur (un clic droit) ; aucun autre élément n'indique son existence, à part une infobulle apparaissant lorsqu'un terme est survolé avec le curseur de la souris. Ce que les participants en disent :

> « *L'usage du clic droit n'est précisé nulle part. Il faut y penser soi-même, c'est dommage.* »

> « *Die Funktionalität mit der rechten Maustaste ist für gewisse Benutzer nicht sehr intuitiv. Es sollte noch eine andere Möglichkeit/Erklärung geben. Bin eher durch Zufall auf gewisse Funktionalitäten gestossen, die in den Aufgaben gebraucht wurden.* »[53]

> « *Si le mode de recherche est simple (style Google, donc très intuitif) les fonctionnalités avancées ne sont pas assez visibles.* »

Il faut également prendre en compte le fait qu'il est plus facile de découvrir ce menu contextuel lorsque des instructions précises sont données aux

---

[53] En français : « La fonctionnalité avec le clic droit n'est pas très intuitive pour certains utilisateurs. Il devrait y avoir une autre possibilité/explication. Je suis tombé plutôt par hasard sur certaines fonctionnalités utilisées dans les tâches. »

participants, comme dans la tâche 3 de ce test[54]. Peut-être ne le découvriraient-ils pas s'ils essayaient RODIN seuls et sans aucune instruction, comme le disent ces deux utilisateurs :

« Viele der soeben gelösten Aufgaben waren nur möglich, weil in der Aufgabenstellung darauf hinwiesen wurde, dass etwas möglich sei (z.B. einzelne Worte anwählen - hätte ich von alleine nie ausprobiert). »[55]

« Le questionnaire a fait office de tutoriel et m'a aidée à trouver les fonctionnalités. Seule et sans guide, je n'aurais probablement pas réussi la moitié... »

6. De nombreux avis négatifs et propositions d'améliorations ont été écrits à propos d'**autres aspects (20)** généraux et précis de RODIN. Voici les plus pertinents :

- Choix des widgets : *« Avant de mettre flickr et google books, il faudrait afficher les différents catalogues de bibliothèques et même rajouter des catalogues internationaux importants (LOC, BNF...). »*
- Le lien du logo de RODIN mène vers une page de gestion qui ne devrait pas être accessible aux utilisateurs.
- Options de recherche : *« À première vue, il y a peu de fonctionnalités de recherche avancée. La recherche FlickR ne donne par exemple pas la possibilité de ne chercher que sur les photos libres d'utilisation. »*
- Visibilité des actions effectuées et interactivité de la page : *« Je pense qu'il faut que la navigation soit dynamique... ! C'est pas vraiment du design mais c'est important, car on est de plus en plus habitué... sur facebook, sur google à voir directement les modifications de la page quand on passe juste la souris sur un onglet ou quand on commence à taper une recherche. Plusieurs fois, je me suis dit que ce je faisais ne fonctionnait pas, parce que ce n'était pas visible immédiatement. »*
- Visibilité des éléments cliquables : *« Klarer machen was klickbar ist. Man muss es etwas umständlich rausfinden. »*[56]

---

[54] Extrait des instructions de la tâche 3 : *Choisissez un mot au hasard dans les résultats de Delicious et explorez-le dans les « facettes ontologiques », en utilisant uniquement la souris (et non le clavier).*

[55] En français : « Beaucoup des tâches venant d'être effectuées n'étaient possibles uniquement parce que la consigne indiquait que quelque chose était possible (par exemple, seul je n'aurais jamais essayé spontanément de sélectionner des mots individuels). »

- Proposition de développement en s'inspirant de Netvibes : « *Vielleicht noch ausbaubar in Richtung Netvibes mit Wetter/News/Sport/...-Widgets?* »[57]

4.13 *Autres points forts*

Il est clair que les utilisateurs mettent en évidence avant tout les points faibles de RODIN. Les commentaires négatifs sont donc bien plus nombreux que les positifs. C'est également sur ces points faibles que l'analyse a été centrée jusqu'ici, car ils constituent la base des améliorations à effectuer. Certains avis positifs ont néanmoins été mentionnés : l'aspect visuel de l'interface (7), l'originalité de la représentation graphique (3) et, sans doute *le* point fort de RODIN, les widgets (14), grâce à leur multiplicité et leur flexibilité.

La **structure et l'organisation générale (6)** du site ont également reçu de bonnes critiques : « *Positiv : klare Struktur, verschiedene Bereiche für verschiedene Funktionen* », « *Gut: Unterteilung von Auswahl der Quellen/Widgets und Navigation links und Anzeigen in der Mitte* », « *Seite ist übersichtlich* »[58], « *Navigation aisée* », etc.

Enfin, plusieurs autres aspects ont été appréciés :

- L'organisation en onglets personnalisables (3).
- L'historique en forme de nuage de mots (2).
- Recherche simple et libre (2) : « *[...] le mode de recherche est simple (style Google, donc très intuitif)* », « *Freie Suchanfragen => positiv* »[59].
- Deux modes de recherche (1) : « *Die Kombination der Widgetssuchen mit den Ontologien gefällt mir gut. Die Schwierigkeit wird sein, die relevanten Ontologien einzubinden.* »[60]

---

[56] En français : « Mettre en évidence les éléments cliquables. On doit les chercher de manière un peu compliquée. »

[57] En français : « Peut-être encore extensible en direction de Netvibes avec des widgets de météo/news/sport/... »

[58] En français : « Positif : structure claire, différentes zones pour différentes fonctionnalités », « Bien : séparation du choix des sources/widgets et de la navigation à gauche, et de l'affichage au centre. », « La page est claire. »

[59] En français : « Recherches libres => positif »

- Visibilité du statut du système (1) : « *Feedback, wenn das System am Suchen ist.* »[61]
- Le côté innovateur de RODIN (1) : « *innovatives produkt* »[62].

4.14 Utilisabilité générale

L'analyse des données du SUS (annexe 7) a abouti à un résultat de 55.29 sur 100 pour RODIN[63].

Un score SUS moyen est de 66 points (Albert, Tullis, Tedesco, 2010 : 152) à 68 points (Sauro, 2011) environ. Trois spécialistes en utilisabilité ont mené une étude dans le but d'ajouter des adjectifs pour qualifier un score SUS, afin que cela soit plus explicite pour les designers. Fruit de leur travail, la figure 12 compare ainsi sur une même échelle les scores SUS traditionnels, des notes de A à F, les adjectifs ajoutés et le rang d'acceptabilité (Bangor, Kortum, Miller, 2009 : 121). Cette échelle se base sur une moyenne de plusieurs études d'utilisabilité.

Figure 12
Comparaison des différentes notations pour un score SUS

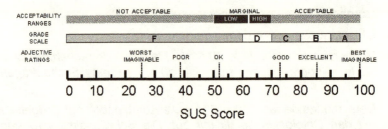

Selon ces statistiques, RODIN se place au-dessous de la moyenne des sites web. Il est qualifié de *ok* et obtient la note *F*. Ce score, qui peut paraître

---

[60] En français : « La combinaison de la recherche par widgets et des ontologies me plaît bien. La difficulté sera d'intégrer les ontologies pertinentes. »

[61] En français : « Feedback quand le système effectue une recherche. »

[62] En français : « produit innovateur »

[63] Analyse effectuée selon la méthode de calcul présentée dans : Brooke, 1996 : 189-194

médiocre, est relativement bon si on le remet dans son contexte : il s'agit d'une version prototype.

Certains participants au test, en plus d'avoir répondu aux questions du SUS, ont écrit leurs propres commentaires sur l'utilisabilité de RODIN. Parmi ces avis spontanés, une majorité, 10, sont positifs, contre quatre négatifs.

- Quelques commentaires positifs en vrac :

    « Aimé la facilité d'utilisation de l'interface. », « Utilisation facile et intuitive », « De manière générale l'usability me semble plutôt bonne. », « Aucun problème dans l'utilisation du site. », « [...] je trouve que l'on comprend assez facilement comment cela fonctionne. »

- Quelques commentaires négatifs en vrac :

    « Le tout n'est pas très "convivial" en présentation et utilisation. Nécessite de "farfouiller" pour comprendre comment fonctionne l'ensemble. », « L'utilisation n'est pas assez intuitive. »

5. Recommandations d'améliorations

Les résultats ont mis en évidence un certain nombre de problèmes, petits et grands. Pour y remédier, ce chapitre regroupe des recommandations d'améliorations. Les problèmes les plus graves doivent être corrigés en premier, c'est pourquoi ces propositions sont classées en trois niveaux de priorité, établis selon la fréquence d'apparition des problèmes et leur gravité (Rubin, 1994 : 227). Les problèmes les moins graves, de priorité 3, sont parfois basés sur les commentaires d'un seul utilisateur ; il faut donc les considérer avec recul. Les recommandations faites ont été examinées et parfois améliorées par un spécialiste en utilisabilité de la Haute école de gestion de Genève. Elles sont affichées ci-dessous, de la plus prioritaire à la moins prioritaire (détail des calculs de priorisation dans l'annexe 8), avec le problème concerné en encadré et numéroté. Il n'existe pas de recommandation absolue pour chaque problème.

1	Manque d'une aide en ligne, d'une présentation des fonctionnalités existantes.	Priorité 1 (8 points)

> Créer une page d'aide présentant les fonctionnalités à disposition et la manière de les utiliser. Agrémenter cette page d'une vidéo de démonstration.

> Éventuellement insertion d'infobulles d'aide explicatives, comme celles s'affichant dans Microsoft Word 2010 lors du survol d'un bouton avec la souris par exemple (figure 13).

Figure 13
Infobulle d'aide dans le logiciel Microsoft

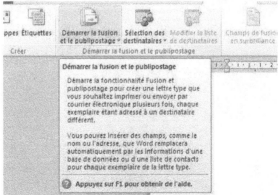

2	Incompréhension de la fonctionnalité *filtrage*.	Priorité 1 (8 points)

> Voir les recommandations du problème N° 1.

> Pour représenter cette fonctionnalité, utiliser une icône différente de la loupe (qui suppose une recherche), par exemple un entonnoir.

3	Mauvaise dénomination de la fonctionnalité breadcrumbs au sein du menu contextuel.	Priorité 1 (8 points)

> Utiliser une expression plus compréhensible et sans mots inutiles (Krug, 2006 : 45), par exemple : « Ajouter à la recherche », « Zur Suche hinzufügen ». L'expression du menu contextuel doit reprendre la même terminologie que celle utilisée pour désigner l'espace au-dessous de la barre de recherche principale, réservé aux breadcrumbs ajoutés. Sinon deux terminologies différentes sont utilisées pour une même fonctionnalité.

4	Mauvaise visibilité du menu contextuel.	Priorité 1 (7 points)

> Voir les recommandations du problème N° 1.

> Envisager la possibilité d'un menu contextuel qui s'ouvre automatiquement lors du survol d'un mot avec la souris, après un délai d'une seconde environ, à l'instar des fenêtres pop-ups de Facebook (figure 14). Attention, si cette technique est mal implémentée, elle peut néanmoins présenter le risque d'être agaçante et gênante pour l'utilisateur.

> Éventuellement trouver une alternative à l'utilisation d'un menu contextuel, car cela est très rare sur des pages web. Par exemple une solution par glisser-déposer, pour reprendre la logique de manipulation des widgets, qui est appréciée, ludique et novatrice. Il faudrait pour cela que le curseur de la souris, au survol d'un mot, prenne la même forme que lors de l'ajout d'un widget. >

Figure 14
Fenêtre s'ouvrant automatiquement dans

5	Pas de résultats obtenus en raison de problèmes techniques.	Priorité 1 (7 points)

> Revoir ou terminer l'élaboration technique des widgets ne fonctionnant pas, tels que *Le Temps Archives*, *Viaticalpes* et *ZBZ Maps*.

6	Manque d'informations sur RODIN.	Priorité 1 (7 points)

> Présenter sur la page d'accueil de RODIN (par exemple à côté du formulaire de connexion) des éléments de réponse aux quatre questions essentielles que se pose un utilisateur lors de sa première visite : qu'est-ce que c'est, quel est le contenu, que puis-je faire ici, pourquoi dois-je être ici et pas sur un autre site ? Si cela nécessite trop de textes, afficher au moins un mot d'introduction décrivant le site. Placer un slogan près du logo. (Krug, 2006 : 99-105)

7	Mauvaise dénomination des ontologies : STW et DBpedia.	Priorité 1 (7 points)

> À côté de ces termes, placer un lien (par exemple en forme de point d'interrogation) vers la page d'aide, où l'utilisateur trouvera une définition du mot *ontologie*, le nom développé des abréviations utilisées (STW), de brèves descriptions des deux ontologies et de leurs différences.

> Éventuellement ajouter un terme descriptif avant le nom de l'ontologie elle-même, comme *ontologie*, *vocabulaire* ou *classification*. Cela donnerait : *Ontologie STW* et *Ontologie DBpedia*.

8	Effet de la recherche ontologique à partir des widgets non remarqué.	Priorité 1 (6 points)

> Indiquer le statut des facettes ontologiques de manière plus visible que par un simple changement de logo, car l'attente est parfois longue (Nielsen, 1993 : 135). Par exemple, bloquer l'accès au menu avec un message (figure 15), comme lors d'une métarecherche. Ainsi la logique de RODIN serait uniformisée.

Figure 15

Proposition de message sur le statut des facettes

> Afficher le nombre de résultats trouvés pour chaque rubrique, entre parenthèses, et éventuellement d'une couleur différente, par respect des conventions pour ce genre de fonctionnalités (voir les sites Swissbib, Wissensportal ETH-Bibliothek ou encore Amazon.com[64]). Cela éviterait à l'utilisateur de confondre ce nombre avec le nom de l'ontologie. Lorsque la recherche ne fournit aucun résultat, l'indiquer

---

[64] http://www.swissbib.ch/; http://www.library.ethz.ch/; http://www.amazon.com/ (consultés le 04.01.13)

par un texte (« Aucun résultat », « Keine Treffer ») plutôt qu'en mettant le nom de l'ontologie en couleur.

> Régler le problème technique causant le mélange des résultats de deux recherches différentes, par exemple les résultats d'un mot X dans l'ontologie STW, et ceux d'un mot Y dans l'ontologie DBpedia.

9	Mauvaise visibilité de la fonctionnalité *breadcrumbs*.	Priorité 1 (6 points)

> Créer un espace visible en permanence mentionnant cette fonctionnalité, par exemple au sein de la barre de recherche principale (voir la figure 17 au N° 17).
> Voir les recommandations des problèmes N° 1 et N° 4.

10	Incompréhension du but et du fonctionnement des facettes ontologiques.	Priorité 1 (6 points)

> Utiliser un titre du menu compréhensible par tous, par exemple « Termes associés », « Verwandte Begriffe ».
> Voir les recommandations des problèmes N° 1, N° 8.

11	Langues des ontologies non indiquées à l'utilisateur.	Priorité 1 (6 points)

> Préciser la langue de l'ontologie dans la description (recommandation du problème N° 7).
> Introduire une fonction d'autocomplétion[65] pour le champ de recherche des facettes ontologiques (figure 16). Une telle fonction est par exemple disponible sur le site source de STW.

---

[65] L'autocomplétion est, en cours de frappe, la suggestion d'une quantité limitée de requêtes possibles sur la base d'une liste de requêtes préexistantes.

Figure 16

Proposition d'une fonction d'autocomplétion

> Éventuellement introduire un champ de recherche pour chaque ontologie. Les termes affichés dans l'autocomplétion seraient ainsi uniquement issus de l'ontologie concernée. De plus, cela éviterait d'effectuer une recherche globale en allemand, qui ne fournirait aucun résultat dans DBpedia.

> Éventuellement signaler, après le nom de l'ontologie, les langues concernées, à l'aide de petits drapeaux ou de textes. Par exemple : STW (en/fr). Le désavantage est que cela surcharge la dénomination.

12	Mauvaise dénomination du menu *facettes ontologiques*.	Priorité 1 (6 points)

> Utiliser un titre compréhensible par tous, par exemple « Termes associés », « Verwandte Begriffe ».

13	Incohérence des résultats obtenus dans les widgets et dans les facettes ontologiques.	Priorité 2 (5 points)

> Revoir les algorithmes de recherche de RODIN, afin d'obtenir des résultats proches de ceux qu'auraient fournis les sites sources tels que Flickr ou STW pour une même requête. La fiabilité de la

recherche est l'une des caractéristiques essentielles d'un moteur de recherche.

14	Mauvaise visibilité de la méthode d'accès au résultat complet (plein texte, etc.).	Priorité 2 (5 points)

> Uniformiser l'affichage de la méthode d'accès dans tous les widgets : même pointeur de souris et même type d'icône. L'exemple de Google Books est bon : le pointeur se transforme en main (ce qui indique un lien) et l'icône est l'image d'un livre. Cette icône peut se décliner en diverses formes selon le type de document : article, image, signet, etc.

15	Pas de résultats livrés par les facettes ontologiques, car la recherche se fait par expression exacte.	Priorité 2 (5 points)

> Changer le mode de recherche actuel en un mode de recherche par mots-clés. Sinon, la fonction d'exploration d'un mot depuis les widgets dans les facettes ontologiques a peu de sens, car elle ne fournira que rarement des résultats.

> Introduire une fonction d'autocomplétion pour la recherche ontologique (recommandation du problème N° 11)

> Signaler le mode de recherche utilisé dans la page d'aide.

16	Lenteur du système.	Priorité 2 (5 points)

> Augmenter les performances du système et la capacité des serveurs.

17	Mauvaise visibilité et mauvais emplacement de la barre de recherche principale.	Priorité 2 (5 points)

> Rendre la barre de recherche principale plus visible en l'agrandissant et en augmentant son contraste avec la couleur de fond, par exemple en l'insérant dans un cadre orange (figure 17). Certains utilisateurs la souhaitent ailleurs, plus haut ou sur la gauche, mais c'est au centre

Figure 17
Proposition d'une nouvelle barre de recherche principale

qu'elle sera la plus visible, puisqu'il s'agit d'un moteur de recherche.

18	Icônes peu explicites et peu compréhensibles.	Priorité 2 (4 points)

> Uniformiser les icônes pour une même fonction. Par exemple, utiliser une icône de loupe pour la fonction recherche (métarecherche - figure 17, recherche dans les widgets, recherche dans les facettes ontologiques).

> Utiliser des icônes plus distinctes pour des fonctions différentes. Par exemple, l'icône de la recherche dans les facettes ontologiques ressemble beaucoup à celle de l'affichage de la représentation graphique. On pourrait utiliser une loupe simple pour la recherche ontologique, la même loupe que pour toutes les autres recherches.

> Utiliser des icônes évoquant la fonction correspondante. Notamment dans le cas du filtrage, un entonnoir serait plus adéquat qu'une loupe. De plus, le chiffre cliquable permettant l'accès au résultat complet n'est pas assez explicite. Un logo miniature différent pour chaque type de document (livre, article, image, signet, etc.) sur lequel on peut cliquer conviendrait mieux.

19	Affichage des résultats dans les widgets trop petit et peu lisible.	Priorité 2 (4 points)

> Différencier clairement (par exemple à l'aide de retours à la ligne, de couleurs ou de textes en gras) les divers champs d'un résultat affiché, afin que l'utilisateur repère au premier coup d'œil l'auteur, le titre, la date de publication, l'URL, etc.

> Augmenter la taille des images affichées dans le widget Flickr, au moins lors de la modification de la présentation des résultats.

20	Erreurs linguistiques dans l'interface française.	Priorité 2 (4 points)

> Corriger les erreurs linguistiques.

21	Textes trop petits et titres trop peu visibles.	Priorité 2 (4 points)

> Augmenter la taille des titres des onglets et des menus de gauche afin qu'ils soient plus facilement repérables et se différencient mieux du contenu. Cela améliorerait la clarté de la page.

22	Nombre de résultats affichés dans les widgets peu visible et peu compréhensible.	Priorité 3 (3 points)

> Uniformiser le nombre de résultats à afficher par défaut : il est de 20 pour les widgets et de 10 pour la métarecherche, les paramètres de la métarecherche primant sur ceux des widgets. Comme simplification, on pourrait aussi proposer le choix du nombre de résultats à afficher uniquement dans les widgets, sans que cela ne prive l'utilisateur d'une fonctionnalité essentielle.

> Augmenter le nombre de résultats à afficher par défaut dans Flickr (si la taille des images affichées n'est pas ou peu augmentée), car le widget apparaît vide avec 10 résultats, et cela trouble l'utilisateur.

> Positionner le choix du nombre de résultats à afficher plus proche de la barre de métarecherche, car les deux éléments sont associés.

23	Pas de présentation des widgets.	Priorité 3 (3 points)

> Introduire une présentation de chaque widget, afin de permettre à l'utilisateur de choisir en connaissance de cause, sans avoir à cliquer sur chaque widget. Pour ce faire, concevoir le menu des widgets de manière à ce qu'il puisse s'ouvrir en grand (sur toute la page ou au moins la moitié, ou dans une fenêtre pop-up comme les widgets individuellement) et ainsi avoir assez d'espace pour afficher des descriptions. Cela serait particulièrement pertinent si RODIN possède un jour un grand nombre de widgets.

24	Message d'erreur dans le widget Swissbib.	Priorité 3 (3 points)

> Revoir l'élaboration technique de ce widget, notamment lors de la modification du nombre de résultats à afficher. Swissbib a également été critiqué pour sa lenteur.

25	Présence de barres obliques inversées intruses dans les résultats des widgets.	Priorité 3 (3 points)

> Supprimer ces barres obliques des résultats fournis.

26	Superposition des menus contextuels de Firefox et de RODIN dans le mode « plein écran » de la représentation graphique.	Priorité 3 (3 points)

> Corriger ce problème technique en faisant disparaître le menu contextuel de Firefox, comme dans le mode « écran normal » de RODIN.

27	Couleurs : trop pâles, trop faibles contrastes.	Priorité 3 (3 points)

> Augmenter les contrastes de couleurs, notamment entre les champs de recherche et l'arrière-plan.

> Utiliser des couleurs plus vives (Hunt, 2006), ce serait plus attractif.

28	Taille des widgets trop petite, ou occupant trop d'espace en largeur sur de petits écrans.	Priorité 3 (3 points)

> Offrir la possibilité d'adapter la taille de chaque widget différemment.

> Éventuellement supprimer les widgets séparés pour l'affichage des résultats. On aurait à la place une liste de résultats unique, avec indication de la source (par exemple Flickr, Swissbib, ArXiv.org) pour chaque document. Il y aurait ainsi plus d'espace pour l'affichage des résultats eux-mêmes (voir problème N° 19).

29	Mauvaise dénomination des widgets.	Priorité 3 (3 points)

> Renommer les widgets avec un terme plus précis, du moment que ce ne sont que des sources d'information et non d'autres fonctionnalités (météo, horloge, etc.). Exemple de dénomination : « sources », « Quellen ».

30	Variation peu logique des tailles et des polices.	Priorité 3 (2 points)

> Établir une charte graphique claire pour l'ensemble du site, notamment pour les polices d'écriture. Le contenu apparaît parfois en Arial (dans les widgets et les facettes ontologiques), parfois en Tahoma (dans l'historique). De plus, le style d'écriture dans le choix des widgets diffère sensiblement de celui des autres rubriques (gras, petite taille, Tahoma).

> Voir également les recommandations du problème N° 21.

31	Aspect visuel général peu attrayant.	Priorité 3 (2 points)

> Adopter un graphisme de type web 2.0 (Hunt, 2006) : une section supérieure (incluant le logo, la barre de recherche principale et les options d'administration du compte) mieux séparée du reste de la page (à l'exemple du site Wissensportal ETH-Bibliothek[66]), un logo plus grand et plus visible, des textes plus grands, des couleurs plus vives, des effets de surface (effet 3D, dégradés, ombres, réflexions), etc.

32	Navigation pénible dans le schéma de la représentation graphique.	Priorité 3 (2 points)

> Changer la couleur des éléments déjà visités, éventuellement permettre la navigation par simple clic au lieu du double-clic, montrer le schéma en mouvement lors du changement de concept, à l'instar du nuage de mots généré par le logiciel AquaBrowser[67], par exemple dans le catalogue de la bibliothèque publique d'Amsterdam[68].

> Utiliser des couleurs différentes pour les termes plus généraux, plus spécifiques et associés, accompagnées d'une légende indiquant à quel type de termes correspond chaque couleur.

33	Peu d'utilité de la représentation graphique pour une recherche.	Priorité 3 (2 points)

> Améliorer la navigation et la compréhension de la représentation graphique (voir pour cela les recommandations du problème N° 32) afin de mettre en évidence son utilité pour une recherche. Attention : ce problème relève beaucoup plus de l'utilité que de l'utilisabilité.

---

[66] http://www.library.ethz.ch/ (consulté le 04.01.13)

[67] http://www.serialssolutions.com/en/services/aquabrowser (consulté le 04.01.13)

[68] http://zoeken.oba.nl/ (consulté le 04.01.13)

34	Mauvaise qualité du logo de RODIN.	Priorité 3 (2 points)

> Afficher un logo de bonne qualité et de bonne résolution, afin qu'il soit lisible et véhicule une bonne image de RODIN.

35	Ajout d'un widget : le nouveau widget se place en haut à gauche et les autres se décalent vers le bas.	Priorité 3 (2 points)

> Modifier les paramètres d'ajout de widgets, afin que les nouveaux widgets se placent en fin de *ligne* (et non de colonne) sans provoquer de décalage dans l'espace personnalisable de RODIN.

36	Message superflu de la part de RODIN quand un breadcrumb déjà existant est ajouté (notamment lors d'un ajout de groupe).	Priorité 3 (2 points)

> Supprimer ce message, qui n'aide que très peu l'utilisateur.

37	Mauvais emplacement des breadcrumbs.	Priorité 3 (2 points)

> Éventuellement placer les breadcrumbs à l'intérieur du champ de recherche principal (figure 17).

38	Hiérarchie des termes trop peu visible dans la représentation graphique.	Priorité 3 (2 points)

> Utiliser des couleurs différentes pour les termes plus généraux, plus spécifiques et associés, accompagnées d'une légende indiquant à quel type de termes correspond chaque couleur.

39	Représentation graphique trop peu interactive.	Priorité 3 (2 points)

> Voir les recommandations du problème N° 32.

40	Effets de la modification de l'affichage des résultats dans les widgets peu compréhensibles.	Priorité 3 (2 points)

> Affiner cette fonctionnalité du point de vue technique, car elle ne fonctionne pas dans tous les widgets (par exemple Google Books).

> Indiquer le statut des widgets lorsqu'ils sont en train de modifier leur affichage par un message du même type que celui de la figure 15.

41	Trop peu de catalogues de bibliothèques dans les widgets.	Priorité 3 (2 points)

> Éventuellement ajouter de grands catalogues internationaux. Ce problème relève plus de l'utilité que de l'utilisabilité. De plus, la recherche dans les catalogues de bibliothèques n'est peut-être pas l'objectif premier de RODIN.

42	Lien du logo de RODIN erroné.	Priorité 3 (2 points)

> Supprimer ce lien erroné ou le remplacer par un lien vers la page d'accueil (si elle devait être créée).

43	Mauvaise interactivité du site.	Priorité 3 (2 points)

> Introduire une fonction d'autocomplétion pour tous les types de recherche.

> Éventuellement afficher des aperçus en pop-up lors du survol avec la souris, à l'instar de ce qui se fait sur Google ou Facebook. Ce peut être par exemple une image agrandie dans le widget Flickr, ou la couverture d'un livre dans Swissbib.

Conclusion

RODIN est un portail de recherche web personnalisable innovant. Cette dernière caractéristique en fait un outil dont la conception est difficile et parfois expérimentale, notamment du point de vue de l'utilisabilité. C'est pourquoi les deux évaluations de l'interface de RODIN réalisées jusqu'à présent sont particulièrement utiles. La première, très qualitative et datant d'automne 2011 (Bekavac, Hamann, Weinhold, 2011), est bien complémentée par celle-ci, qui regroupe un plus grand nombre de participants.

Ce sont en tout 43 problèmes qui ont été mis en évidence par cette étude, dont environ la moitié de priorité mineure. Les plus graves sont le manque d'une aide et le manque d'informations sur RODIN, dont découlent beaucoup d'autres difficultés, comme l'incompréhension de la fonction de filtrage. La terminologie peu accessible, la mauvaise intuitivité du menu contextuel, ainsi que plusieurs problèmes techniques sont également à mentionner. RODIN possède néanmoins des atouts non négligeables, comme la manipulation aisée des widgets ou la structure générale claire du site.

Beaucoup de ces éléments avaient déjà été découverts lors de la première évaluation et étaient donc connus. Par exemple, une page d'aide était en cours de conception lorsque cette seconde évaluation a été faite. Peut-être aurait-il été plus pertinent d'en attendre la mise à disposition avant de lancer ce test utilisateur. Les résultats auraient ainsi mieux correspondu à la réalité d'utilisation d'un tel logiciel, car ils auraient inclus l'influence de la fonction d'aide.

La méthode utilisée pour cette évaluation, à savoir le test utilisateur en ligne asynchrone, convient bien aux analyses quantitatives de l'utilisabilité, car un grand nombre d'utilisateurs peuvent participer au test. Cependant, pour un outil aussi interactif et personnalisable que RODIN, ce n'est sans doute pas la technique la plus adaptée. Il est en effet difficile, même avec un logiciel dédié, d'obtenir des statistiques fiables comme par exemple le taux de réussite d'une tâche. Cette méthode est efficace plutôt pour tester la structure et la navigation d'un site statique. Un test utilisateur synchrone, c'est-à-dire en présence d'un modérateur/observateur, aurait sans doute été plus pertinent dans le cas de RODIN.

Il n'en demeure pas moins que le logiciel utilisé Loop[11] est l'un des rares disponibles sur le marché, permettant de faire tester RODIN par des utilisateurs à distance, tout en leur posant des questions sur l'expérience acquise. À ce titre, il est un outil unique et valable.

Cette étude d'utilisabilité a débouché sur une liste de recommandations d'améliorations, à considérer avec le recul dû au contexte de développement de RODIN. En réalité, plusieurs améliorations ont déjà été effectuées durant la période d'évaluation, ce qui peut rendre certaines propositions caduques. Il est par ailleurs difficile d'élaborer des recommandations, car aucun public cible précis n'a été déterminé pour RODIN.

À présent, après deux évaluations, un grand nombre de propositions d'améliorations variées sont à portée de main pour faire de RODIN un outil meilleur et plus facile à utiliser. Toutes ne sont pas forcément adaptées aux besoins et certaines peuvent être contradictoires. Il s'agira alors de choisir et de mettre en œuvre les bonnes propositions, tout en conservant une logique homogène d'utilisation du site.

Bibliographie

Monographies, chapitres de monographies

ALBERT, Bill, TULLIS, Tom, TEDESCO, Donna. *Beyond the usability lab : conducting large-scale online user experience studies.* Amsterdam : Elsevier, 2010. 310 p.

BARNUM, Carol M. *Usability testing essentials : ready, set... test !* [en ligne]. Amsterdam : Elsevier, 2011. 382
http://hesge.scholarvox.com/reader/index/docid/88805879 (accès limité, consulté le 04.01.13)

BEKAVAC, Bernard, HAMANN, Sonja, WEINHOLD, Thomas. *Usability-Evaluation « RODIN » : Experten- und Benutzerorientierte Untersuchung der Webanwendung.* Chur : 2011. 85 p.

BLUMER, Eliane. *Benutzerorientierte Evaluation der Webseite e-rara.ch anhand von Usability- und Blickmessungstests* [en ligne]. 2011. 136 p. Bachelor-Arbeit zur Erlangung des Bachelor HES, Haute école de gestion de Genève, filière information documentaire, 2011.
http://doc.rero.ch/lm.php?url=1000,41,9,20111220105129-QY/TDB_2139.pdf (consulté le 04.01.13)

BROOKE, John. SUS - A quick and dirty usability scale. In : JORDAN, Patrick W. (éd.). *Usability evaluation in industry.* London : Taylor & Francis, 1996. 252 p. Accès en ligne (au chapitre uniquement):
http://www.usabilitynet.org/trump/documents/Suschapt.doc (consulté le 04.01.13)

DUMAS, Joseph S., REDISH, Janice C. *A practical guide to usability testing.* Revised ed. Exeter : Intellect, 1999. 404 p.

GREIFENEDER, Elke. Einführung in die Online-Benutzerforschung zu digitalen Bibliotheken. In : BEKAVAC, Bernard, SCHNEIDER, René, SCHWEIBENZ, Werner (éd.). *Benutzerorientierte Bibliotheken im Web : Usability-Methoden, Umsetzung und Trends.* Berlin : De Gruyter Saur, 2011. 249 p. (Bibliotheks- und Informationspraxis 45)

HEGNER, Marcus. *Methoden zur Evaluation von Software* [en ligne]. Bonn : Informationszentrum Sozialwissenschaften, 2003. 98 p. (IZ-Arbeitsbericht Nr. 29).
http://www.gesis.org/fileadmin/upload/forschung/publikationen/gesis_reihen/iz_arbeitsberichte/ab_29.pdf (consulté le 04.01.13)

KRUG, Steve. *Je ne veux pas chercher! : optimisez la navigation de vos sites.* 2e éd. Paris : Campus Press, 2006. 201 p.

NIELSEN, Jakob. *Usability engineering.* Boston : AP professional, 1993. 362 p.

NIELSEN, Jakob, LORANGER, Hoa. *Site web : priorité à la simplicité.* Paris : CampusPress, 2007. 403 p.

RUBIN, Jeffrey. *Handbook of usability testing : how to plan, design, and conduct effective tests.* New York : J. Wiley, 1994. 330 p. (Wiley technical communication library)

SCHWEIBENZ, Werner, THISSEN, Frank. *Qualität im Web : benutzerfreundliche Webseiten durch Usability Evaluation.* Berlin : Springer, 2003. 224 p. (X.media.press)

Articles spécialisés

BANGOR, Aaron, KORTUM, Philip, MILLER, James. Determining what individual SUS scores mean : adding an adjective rating scale. *Journal of usability studies* [en ligne]. 2009, vol. 4, no 3, p. 114-123. http://www.upassoc.org/upa_publications/jus/2009may/JUS_Bangor_May200 9.pdf (consulté le 04.01.13)

DUMAS, Joseph S. The great leap forward : the birth of the usability profession (1988-1993). *Journal of usability studies* [en ligne]. 2007, vol. 2, no. 2, p. 54-60. http://www.upassoc.org/upa_publications/jus/2007_february/dumas_birth_of_ usability_profession.pdf (consulté le 04.01.13)

HUNT, Ben. Web 2.0 design - how to design best web 2.0 style. In : *Webdesign from Scratch* [en ligne]. Publié le 20.12.06. http://www.webdesignfromscratch.com/web-design/web-2-0-design-style-guide/ (consulté le 04.01.13)

LE ROUZIC, Stéphanie. Ergonomie. In : *Utilisabilité.info – Les nouvelles de l'utilisabilité* [en ligne]. Publié le 11.06.06. http://www.utilisabilite.info/dotclear/index.php?2006/06/11/4-ergonomie (consulté le 04.01.13)

MORVILLE, Peter. User experience design. In : *Semantics* [en ligne]. Publié le 21.06.04. http://semanticstudios.com/publications/semantics/000029.php (consulté le 04.01.13)

NIELSEN, Jakob. Usability 101 : introduction to usability. In : *Jakob Nielsen's Alertbox* [en ligne]. Publié le 04.01.12. http://www.nngroup.com/articles/usability-101-introduction-to-usability/ (consulté le 04.01.13)

SAURO, Jeff. Measuring usability with the System Usability Scale (SUS). In : *Measuring usability* [en ligne]. Publié le 02.02.11. http://www.measuringusability.com/sus.php (consulté le 04.01.13)

WORLD WIDE WEB CONSORTIUM (W3C). Introduction to web accessibility. In : *Web Accessibility Initiative* [en ligne]. Modifié en septembre 2007. http://www.w3.org/WAI/intro/accessibility.php (consulté le 04.01.13)

Sources électroniques diverses

BIBLIOTHÈQUE NATIONALE SUISSE. E-lib.ch : la Bibliothèque électronique suisse. In : *Site de la Bibliothèque nationale suisse* [en ligne]. Mis à jour le 14.07.11. http://www.nb.admin.ch/nb_professionnel/projektarbeit/00729/03014/index.html?lang=fr (consulté le 04.01.13)

E-LIB.CH. *Bibliothèque électronique suisse* [en ligne]. http://e-lib.ch/fr (consulté le 04.01.13)

Fil d'Ariane (ergonomie). In : *Wikipédia* [en ligne]. Modifié le 16.12.12. http://fr.wikipedia.org/wiki/Fil_d%27Ariane_%28ergonomie%29 (consulté le 04.01.13)

FUTURA-SCIENCES. Widget. In : *Www.futura-techno.com, le nouveau magazine high-tech* [en ligne]. http://www.futura-sciences.com/fr/definition/t/internet-2/d/widget_2569/ (consulté le 04.01.13)

LOOP11. What's the difference between online usability testing and lab-based (face-to-face) testing ? In : *Loop[11]* [en ligne]. www.loop11.com/faqs/#onlinevlab (consulté le 04.01.13)

Ontologie (informatique). In : *Wikipédia* [en ligne]. Modifié le 23.12.12. http://fr.wikipedia.org/wiki/Ontologie_%28informatique%29 (consulté le 04.01.13)

SWITCH. Statistiques pour les noms de domaine en .ch et .li. In : *Switch* [en ligne]. https://www.nic.ch/reg/cm/wcm-page/statistics/index.html?lid=fr (consulté le 04.01.13)

TRICOT, André. Utilité, utilisabilité, acceptabilité : l'évaluation ergonomique appliquée aux EIAL. In : *Université Stendhal-Grenoble 3* [en ligne]. Publié le 26.09.08. http://w3.u-grenoble3.fr/idl/IMG/protege/form17/ConfTRICOT_26_09_08.pdf (consulté le 04.01.13)

TULLIS, Thomas S., STETSON, Jacqueline N. A comparison of questionnaires for assessing website usability. In : *UPA - The Usability Professionals' Association* [en ligne]. Publié en 2004. http://www.upassoc.org/usability_resources/conference/2004/UPA-2004-TullisStetson.pdf (consulté le 04.01.13)

USE DESIGN. Qu'est-ce que l'expérience utilisateur ? In : *Use Design* [en ligne]. http://www.use-design.com/fr/design/experience_utilisateur.php (consulté le 04.01.13)

Normes

ORGANISATION INTERNATIONALE DE NORMALISATION. *Exigences ergonomiques pour travail de bureau avec terminaux à écrans de visualisation (TEV) : partie 11 : lignes directrices concernant l'utilisabilité.* Paris : AFNOR, 1998. 23 p. NF EN ISO 9241-11

Annexe 1
Honeycomb de Peter Morville

Peter Morville (2004) définit l'expérience utilisateur par sept facettes, illustrées dans un *nid d'abeilles* (voir la figure ci-dessous) :

- Utilité : cela répond-il à un besoin ?
- Utilisabilité : est-ce facile d'utilisation ?
- Désirabilité ou attractivité : est-ce visuellement attrayant ?
- Repérabilité : l'information peut-elle être facilement trouvée ?
- Accessibilité : est-ce accessible aux personnes handicapées ?
- Crédibilité : l'information est-elle fiable ou perçue comme telle ?
- Valeur (facette centrale et synthèse des six précédentes) : cela est-il globalement positif pour l'utilisateur et le producteur ?

Annexe 2
Représentation d'une tâche avec Loop[11]

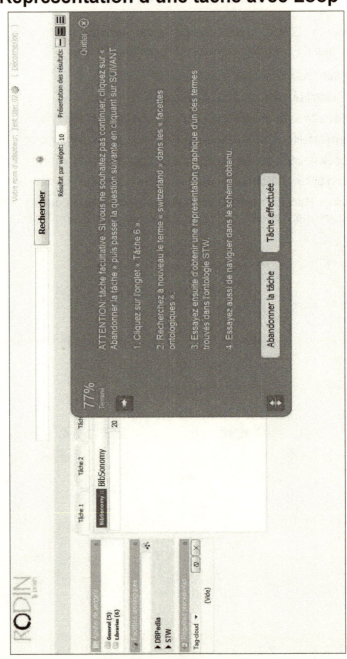

Annexe 3
Contenu du test utilisateur

Message d'introduction :

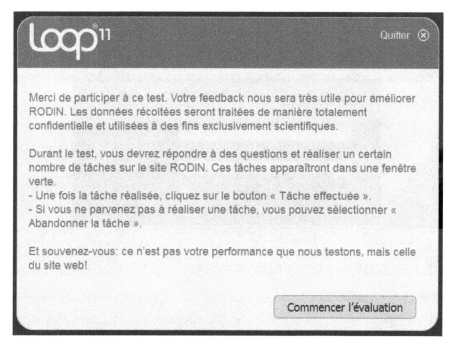

Pré-questionnaire :

Tâche 0 – connexion à RODIN :

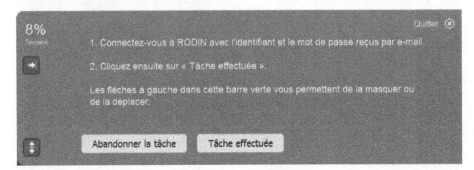

Tâche 1 – navigation libre :

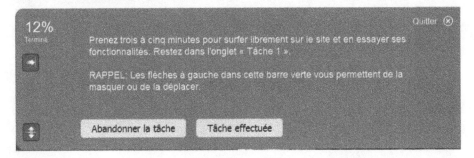

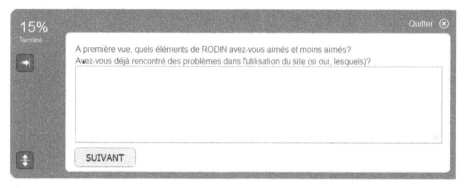

A première vue, quels éléments de RODIN avez-vous aimés et moins aimés?
Avez-vous déjà rencontré des problèmes dans l'utilisation du site (si oui, lesquels)?

SUIVANT

Tâche 2 – widgets :

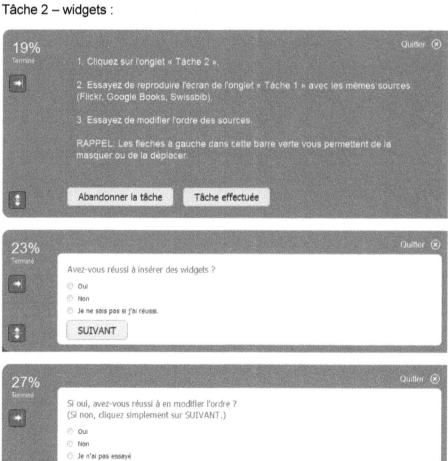

1. Cliquez sur l'onglet « Tâche 2 ».

2. Essayez de reproduire l'écran de l'onglet « Tâche 1 » avec les mêmes sources (Flickr, Google Books, Swissbib).

3. Essayez de modifier l'ordre des sources.

RAPPEL: Les flèches à gauche dans cette barre verte vous permettent de la masquer ou de la déplacer.

Abandonner la tâche   Tâche effectuée

Avez-vous réussi à insérer des widgets ?

Oui
Non
Je ne sais pas si j'ai réussi.

SUIVANT

Si oui, avez-vous réussi à en modifier l'ordre ?
(Si non, cliquez simplement sur SUIVANT.)

Oui
Non
Je n'ai pas essayé

SUIVANT

Tâche 3 – recherche et facettes ontologiques :

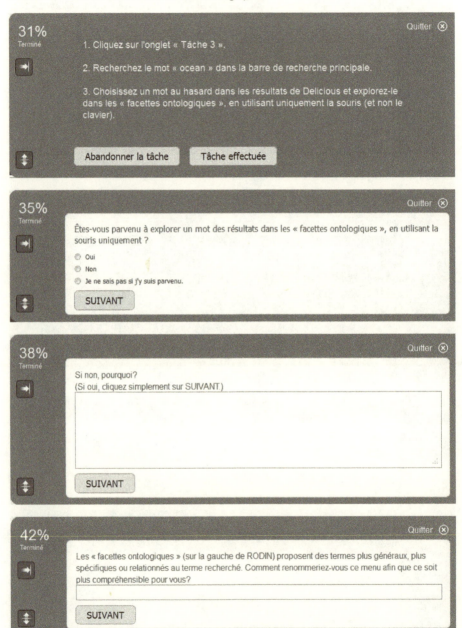

31%
Terminé

Quitter ⊗

1. Cliquez sur l'onglet « Tâche 3 ».

2. Recherchez le mot « ocean » dans la barre de recherche principale.

3. Choisissez un mot au hasard dans les résultats de Delicious et explorez-le dans les « facettes ontologiques », en utilisant uniquement la souris (et non le clavier).

Abandonner la tâche   Tâche effectuée

35%
Terminé

Quitter ⊗

Êtes-vous parvenu à explorer un mot des résultats dans les « facettes ontologiques », en utilisant la souris uniquement ?

○ Oui
○ Non
○ Je ne sais pas si j'y suis parvenu.

SUIVANT

38%
Terminé

Quitter ⊗

Si non, pourquoi?
(Si oui, cliquez simplement sur SUIVANT.)

SUIVANT

42%
Terminé

Quitter ⊗

Les « facettes ontologiques » (sur la gauche de RODIN) proposent des termes plus généraux, plus spécifiques ou relationnés au terme recherché. Comment renommeriez-vous ce menu afin que ce soit plus compréhensible pour vous?

SUIVANT

Tâche 4 – breadcrumbs :

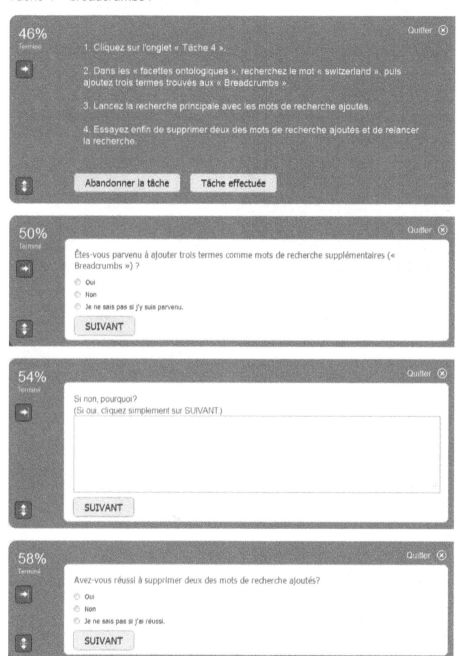

46% Terminé

Quitter ⊗

1. Cliquez sur l'onglet « Tâche 4 ».

2. Dans les « facettes ontologiques », recherchez le mot « switzerland », puis ajoutez trois termes trouvés aux « Breadcrumbs ».

3. Lancez la recherche principale avec les mots de recherche ajoutés.

4. Essayez enfin de supprimer deux des mots de recherche ajoutés et de relancer la recherche.

Abandonner la tâche   Tâche effectuée

50% Terminé

Quitter ⊗

Êtes-vous parvenu à ajouter trois termes comme mots de recherche supplémentaires (« Breadcrumbs ») ?

- Oui
- Non
- Je ne sais pas si j'y suis parvenu.

SUIVANT

54% Terminé

Quitter ⊗

Si non, pourquoi?
(Si oui, cliquez simplement sur SUIVANT.)

SUIVANT

58% Terminé

Quitter ⊗

Avez-vous réussi à supprimer deux des mots de recherche ajoutés?

- Oui
- Non
- Je ne sais pas si j'ai réussi.

SUIVANT

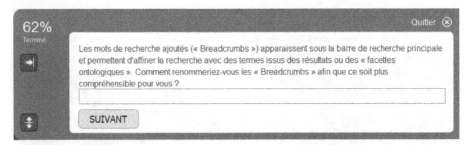

62%
Termine.

Les mots de recherche ajoutés (« Breadcrumbs ») apparaissent sous la barre de recherche principale et permettent d'affiner la recherche avec des termes issus des résultats ou des « facettes ontologiques ». Comment renommeriez-vous les « Breadcrumbs » afin que ce soit plus compréhensible pour vous ?

SUIVANT

Tâche 5 – filtrage :

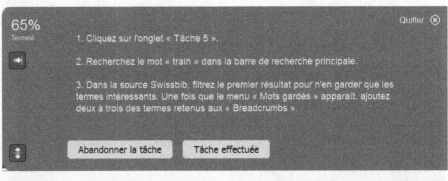

65%
Terminé

1. Cliquez sur l'onglet « Tâche 5 »,

2. Recherchez le mot « train » dans la barre de recherche principale.

3. Dans la source Swissbib, filtrez le premier résultat pour n'en garder que les termes intéressants. Une fois que le menu « Mots gardés » apparaît, ajoutez deux à trois des termes retenus aux « Breadcrumbs ».

Abandonner la tâche   Tâche effectuée

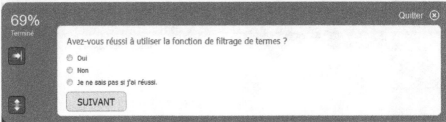

69%
Terminé

Avez-vous réussi à utiliser la fonction de filtrage de termes ?

○ Oui
○ Non
○ Je ne sais pas si j'ai réussi.

SUIVANT

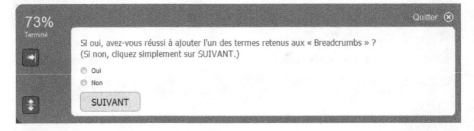

73%
Terminé

Si oui, avez-vous réussi à ajouter l'un des termes retenus aux « Breadcrumbs » ?
(Si non, cliquez simplement sur SUIVANT.)

○ Oui
○ Non

SUIVANT

Tâche 6 – représentation graphique :

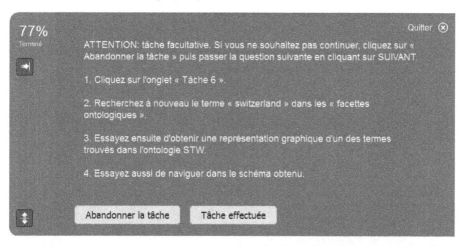

ATTENTION: tâche facultative. Si vous ne souhaitez pas continuer, cliquez sur « Abandonner la tâche » puis passer la question suivante en cliquant sur SUIVANT.

1. Cliquez sur l'onglet « Tâche 6 ».

2. Recherchez à nouveau le terme « switzerland » dans les « facettes ontologiques ».

3. Essayez ensuite d'obtenir une représentation graphique d'un des termes trouvés dans l'ontologie STW.

4. Essayez aussi de naviguer dans le schéma obtenu.

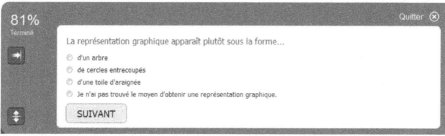

La représentation graphique apparaît plutôt sous la forme...

- d'un arbre
- de cercles entrecoupés
- d'une toile d'araignée
- Je n'ai pas trouvé le moyen d'obtenir une représentation graphique.

Post-questionnaire :

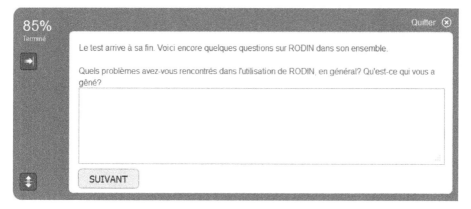

Le test arrive à sa fin. Voici encore quelques questions sur RODIN dans son ensemble.

Quels problèmes avez-vous rencontrés dans l'utilisation de RODIN, en général? Qu'est-ce qui vous a gêné?

System Usability Scale

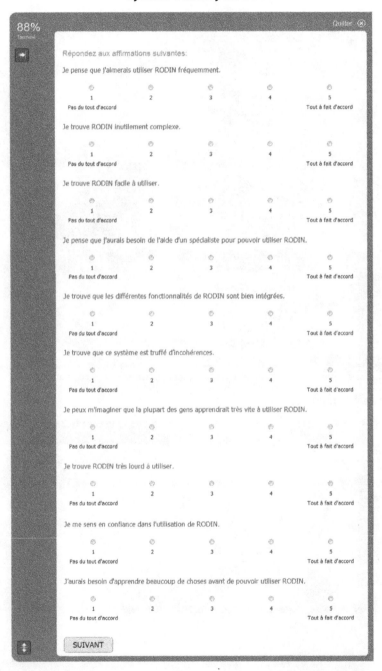

Quitter ⊗

Répondez aux affirmations suivantes:

Je pense que j'aimerais utiliser RODIN fréquemment.

| 1 | 2 | 3 | 4 | 5 |
Pas du tout d'accord   Tout à fait d'accord

Je trouve RODIN inutilement complexe.

| 1 | 2 | 3 | 4 | 5 |
Pas du tout d'accord   Tout à fait d'accord

Je trouve RODIN facile à utiliser.

| 1 | 2 | 3 | 4 | 5 |
Pas du tout d'accord   Tout à fait d'accord

Je pense que j'aurais besoin de l'aide d'un spécialiste pour pouvoir utiliser RODIN.

| 1 | 2 | 3 | 4 | 5 |
Pas du tout d'accord   Tout à fait d'accord

Je trouve que les différentes fonctionnalités de RODIN sont bien intégrées.

| 1 | 2 | 3 | 4 | 5 |
Pas du tout d'accord   Tout à fait d'accord

Je trouve que ce système est truffé d'incohérences.

| 1 | 2 | 3 | 4 | 5 |
Pas du tout d'accord   Tout à fait d'accord

Je peux m'imaginer que la plupart des gens apprendrait très vite à utiliser RODIN.

| 1 | 2 | 3 | 4 | 5 |
Pas du tout d'accord   Tout à fait d'accord

Je trouve RODIN très lourd à utiliser.

| 1 | 2 | 3 | 4 | 5 |
Pas du tout d'accord   Tout à fait d'accord

Je me sens en confiance dans l'utilisation de RODIN.

| 1 | 2 | 3 | 4 | 5 |
Pas du tout d'accord   Tout à fait d'accord

J'aurais besoin d'apprendre beaucoup de choses avant de pouvoir utiliser RODIN.

| 1 | 2 | 3 | 4 | 5 |
Pas du tout d'accord   Tout à fait d'accord

SUIVANT

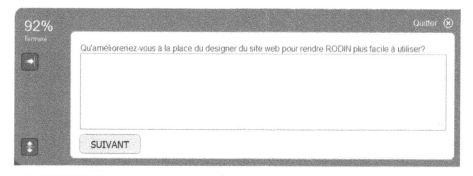

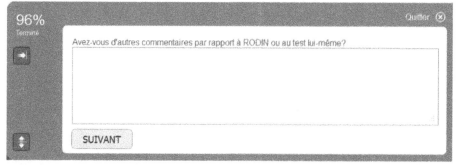

Message de clôture du test :

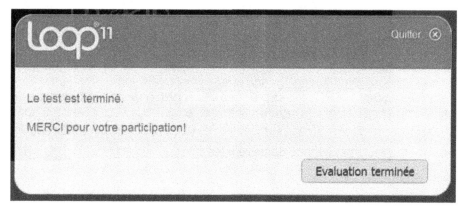

Annexe 4
Appel à participation

En français :

Bonjour,

Dans le cadre de mon travail de bachelor en information documentaire, j'évalue l'utilisabilité de la plateforme RODIN. Il s'agit d'un sous-projet d'e-lib.ch (www.e-lib.ch/fr/) développé à la Haute école de gestion de Genève, et encore en phase prototype. Pour cette évaluation, je recherche des volontaires prêts à participer à un test d'utilisabilité en ligne.

L'objectif est d'identifier les points faibles de RODIN afin d'en améliorer la facilité d'utilisation.

Le test est une expérience assez ludique. Il s'agit concrètement d'effectuer une série de tâches grâce à RODIN et de répondre à quelques questions. Il est effectué seul au moment et à l'endroit que vous souhaitez. Le test prend environ 30 minutes. L'utilisation du navigateur web Mozilla Firefox est requise et il est préférable d'être habitué à l'usage du web.

Toutes les données récoltées seront traitées de manière totalement confidentielle et utilisées à des fins exclusivement scientifiques. Pour vous remercier du temps consacré au test, nous vous offrons une indemnité sous forme de bon.

Vous êtes intéressé?

Alors contactez-moi par un bref e-mail à l'adresse suivante: nicolas.prongue@etu.hesge.ch. Indiquez simplement que vous souhaitez participer au test sur RODIN, et précisez vos coordonnées et votre langue de prédilection (français/allemand). Un lien vers le test vous sera ensuite envoyé en réponse. Je me tiens très volontiers à disposition pour plus d'informations.

Je vous remercie par avance de votre intérêt.

Avec mes meilleures salutations

Nicolas Prongué
Etudiant en information documentaire
HEG Genève
nicolas.prongue@etu.hesge.ch

En allemand :

Guten Tag,

Im Rahmen meiner Bachelor-Arbeit im Fach Informationswissenschaften evaluiere ich die Benutzerfreundlichkeit der Plattform RODIN. Es handelt sich dabei um ein Teilprojekt von e-lib.ch (www.e-lib.ch/de/), das an der Haute école de gestion von Genf entwickelt wird, und sich noch in der Prototypphase befindet. Für diese Evaluation suche ich Freiwillige, die bereit sind, an einem online Usability-Test teilzunehmen.

Das Ziel ist es, die Schwachpunkte von RODIN zu identifizieren, um dadurch die Benutzerfreundlichkeit verbessern zu können.

Den Test selbst können Sie als eine eher spielerische Angelegenheit betrachten. Sie werden dazu aufgefordert, eine Serie von Aufgaben in RODIN zu lösen und einige Fragen zu beantworten. Den Test werden Sie alleine durchführen, wo und wann Sie wollen. Er dauert ca. 30 Minuten. Sie sollten erfahren in der Benutzung des Webs sein und den Test mit dem Browser Mozilla Firefox durchführen.

Alle erfassten Daten werden vertraulich behandelt und ausschliesslich für wissenschaftliche Zwecke verwendet. Um Ihnen für die eingesetzte Zeit zu danken, erhalten Sie eine Entschädigung in Form eines Gutscheins.

Sind Sie interessiert?

Dann kontaktieren Sie mich mit einer kurzen E-Mail an die folgende Adresse: nicolas.prongue@etu.hesge.ch. Schreiben Sie einfach, dass Sie am Usability-Test auf RODIN teilnehmen möchten, und geben Sie Ihre Kontaktdaten und Ihre bevorzugte Sprache (Deutsch/Französisch). Anschliessend wird Ihnen als Antwort ein Link zum Test geschickt. Für weitere Informationen stehe ich Ihnen gerne zur Verfügung.

Ich bedanke mich im Voraus für Ihr Interesse.

Mit freundlichen Grüssen

Nicolas Prongué
Student in Informationswissenschaften
HEG Genf
nicolas.prongue@etu.hesge.ch

Annexe 5
E-mail de diffusion du test utilisateur

En français :

Bonjour et merci de votre intérêt!

Voici votre lien vers le test d'utilisabilité en ligne:
http://195.176.237.62/rodin/p/posh/portal/login.php?l11_uid=13859/?UserID=0001 Vous avez jusqu'au **20 mai 2012** pour effectuer le test.

RODIN est un système en phase prototype. Il est donc possible que le système réagisse lentement et que vous deviez faire preuve d'un peu de patience jusqu'à ce qu'il réponde. Si vous avez des complications pendant le test et que vous vous voyez dans l'impossibilité de continuer, je vous serais très reconnaissant de m'envoyer un e-mail avec la description du problème rencontré. Je m'occuperai tout de suite de ce problème.

Pour vous connecter, vous aurez besoin de cela:

Nom d'utilisateur: testuser01
Mot de passe: test01

Bon test!

Nicolas Prongué

En allemand :

Guten Tag, und danke für Ihr Interesse!

Hier ist Ihr Link zum Usability-Test:
http://195.176.237.62/rodin/p/posh/portal/login.php?l11_uid=14084/?UserID=
0002 Sie können den Test bis zum **20. Mai 2012** durchführen.

RODIN ist ein System in der Prototypphase. Es können von daher vorkommen, dass das System langsam reagiert und Sie etwas Geduld aufbringen müssen, bis eine Antwort vom System kommt. Sollten Sie Komplikationen haben und den Test nicht weitermachen können, wäre ich Ihnen sehr dankbar, wenn Sie mir eine E-Mail mit einer Schilderung des Problems schicken würden. Ich werde mich dann umgehend um das Problem kümmern.

Um sich einzuloggen, werden Sie Folgendes brauchen:

Username: testuser02
Passwort: test02

Viel Spass!

Nicolas Prongué

Annexe 6
Erreur dans les données fournies par Loop[11]

Les résultats de la question 22 du test en allemand annoncent que 17 personnes ont répondu à cette question, alors que la somme des réponses est de 16 (voir l'image ci-dessous).

22. Die visuelle Darstellung erscheint eher in Form von...		%	Response Count
einem Baum		0.0%	0
Kreisen		5.9%	1
einem Spinnennetz		82.4%	14
Es ist mir nicht gelungen, eine visuelle Darstellung zu bekommen.		5.9%	1
	Answered Question		17
	Skipped Question		0

Après avoir été contactée, l'équipe technique de Loop[11] a affirmé qu'un participant avait passé la question, ce qui est fort possible mais difficilement vérifiable, et elle a corrigé les données. Les résultats corrects sont donc :

Answered Question   16
Skipped Question   1

Annexe 7
Analyse du *System Usability Scale*

Calculs effectués selon la méthode expliquée dans : Brooke, 1996 : 189-194.
(explications en page suivante).

		1 – Pas du tout d'accord	2	3	4	5 – Tout à fait d'accord	Nombre de points total	Score SUS
1. Je pense que j'aimerais utiliser RODIN fréquemment.	réponses	5	11	8	5	5		
	échelle	0	1	2	3	4		
	points obtenus	0	11	16	15	20	62	1.82
2. Je trouve RODIN inutilement complexe.	réponses	6	12	4	7	5		
	échelle	4	3	2	1	0		
	points obtenus	24	36	8	7	0	75	2.21
3. Je trouve RODIN facile à utiliser.	réponses	5	6	9	12	2		
	échelle	0	1	2	3	4		
	points obtenus	0	6	18	36	8	68	2.00
4. Je pense que j'aurais besoin de l'aide d'un spécialiste pour pouvoir utiliser RODIN.	réponses	12	10	3	6	3		
	échelle	4	3	2	1	0		
	points obtenus	48	30	6	6	0	90	2.65
5. Je trouve que les différentes fonctionnalités de RODIN sont bien intégrées.	réponses	3	8	6	16	1		
	échelle	0	1	2	3	4		
	points obtenus	0	8	12	48	4	72	2.12
6. Je trouve que ce système est truffé d'incohérences.	réponses	8	13	10	2	1		
	échelle	4	3	2	1	0		
	points obtenus	32	39	20	2	0	93	2.74
7. Je peux m'imaginer que la plupart des gens apprendrait très vite à utiliser RODIN.	réponses	5	14	6	8	1		
	échelle	0	1	2	3	4		
	points obtenus	0	14	12	24	4	54	1.59
8. Je trouve RODIN très lourd à utiliser.	réponses	9	10	9	3	3		
	échelle	4	3	2	1	0		
	points obtenus	36	30	18	3	0	87	2.56
9. Je me sens en confiance dans l'utilisation de RODIN.	réponses	9	4	9	10	2		
	échelle	0	1	2	3	4		
	points obtenus	0	4	18	30	8	60	1.76
10. J'aurais besoin d'apprendre beaucoup de choses avant de pouvoir utiliser RODIN.	réponses	8	15	5	4	2		
	échelle	4	3	2	1	0		
	points obtenus	32	45	10	4	0	91	2.68

Total intermédiaire	22.12 sur 40
SCORE SUS (0=mauvais; 100=bon)	**55.29** sur 100

Ce questionnaire est volontairement basé sur une alternance d'affirmations positives et négatives. Cela évite les réponses biaisées en forçant le participant à lire chaque énoncé. Dans le tableau de la page précédente, la ligne *échelle* permet de transformer les diverses réponses obtenues pour chaque affirmation en points positifs uniquement, exprimés dans la ligne *points obtenus*. Ces points sont ensuite additionnés dans la colonne *Nombre de points total*, puis divisés par le nombre de répondants au questionnaire (34) dans la colonne suivante, *Score SUS*. Cette colonne représente un score SUS intermédiaire pour chaque affirmation. Dans le bas du tableau, une somme de ces scores intermédiaires donne une note SUS sur un maximum de 40 points. Pour correspondre à l'indice SUS en usage, cette note est enfin multipliée par 2,5, donnant ainsi une note sur un maximum de 100 points.

En étudiant les scores de chaque énoncé pour RODIN, un aspect ressort plus que les autres : la facilité d'apprentissage. Selon l'énoncé 7, ayant obtenu le pire score, RODIN s'apprendrait lentement. Pourtant, les très bons résultats des énoncés 4 et 10 affirment le contraire :

- Un spécialiste n'est pas nécessaire pour apprendre à utiliser RODIN. Ceci peut être vrai lorsqu'une fonction d'aide est présente. Dans ce cas, le test utilisateur a joué le rôle de tutoriel.

- Peu de choses doivent être apprises avant de pouvoir utiliser RODIN. Mais certains détails sont indispensables à connaître.

Vu ces résultats, il apparaît difficile d'interpréter individuellement chaque affirmation. L'intérêt du SUS réside plutôt dans son indice unique, à titre indicatif.

Annexe 8
Priorisation des problèmes de RODIN

La priorisation des problèmes rencontrés dans l'interface de RODIN est basée sur la fréquence d'apparition et la gravité de chaque problème.

La fréquence d'apparition est calculée selon les réponses des participants, le nombre de commentaires obtenus et les informations du fichier log. Pour les aspects plutôt subjectifs, où des commentaires positifs et négatifs ont été émis, le nombre d'avis positifs est soustrait au nombre d'avis négatifs, afin d'obtenir une fréquence d'apparition correcte. Tous les commentaires ne sont pas pris en compte : certains sont trop peu pertinents et d'autres trop vagues ou ambigus. La fréquence d'apparition est donc une approximation. Elle est ensuite traduite en un indice de fréquence, qui réduit sa valeur en une fourchette de un à quatre points, selon l'échelle suivante :

Fréquence d'apparition	Indice de fréquence
10 et plus	4
7 à 9	3
4 à 6	2
1 à 3	1

La gravité des problèmes n'est pas évaluée sur la base de chiffres concrets. Elle dépend principalement de l'objectivité du problème, de l'influence que peut avoir le problème sur la réussite d'une tâche et de la difficulté de l'utilisateur à trouver une solution de contournement du problème. La gravité est également exprimée en nombre de points, de un à quatre.

Enfin, le niveau de priorité, de un à trois, se base sur la somme des indices de fréquence et de gravité, selon cette échelle :

Somme des deux indices	Niveau de priorité
6 à 8	1
4 à 5	2
1 à 3	3

No	Problème	Fréquence d'apparition	Indice de fréquence (1-4)	Indice de gravité (1-4)	Somme des 2 indices (2-8)	Niveau de priorité (1-3)
1	Manque d'une aide en ligne, d'une présentation des fonctionnalités existantes.	17	4	4	8	1
2	Incompréhension de la fonctionnalité *filtrage*.	12	4	4	8	1
3	Mauvaise dénomination de la fonctionnalité *breadcrumbs* au sein du menu contextuel.	11	4	4	8	1
4	Mauvaise visibilité du menu contextuel.	9	3	4	7	1
5	Pas de résultats obtenus en raison de problèmes techniques.	9	3	4	7	1
6	Manque d'informations sur RODIN.	15	4	3	7	1
7	Mauvaise dénomination des ontologies: STW et DBpedia.	12	4	3	7	1
8	Effet de la recherche ontologique à partir des widgets non remarqué.	5	2	4	6	1
9	Mauvaise visibilité de la fonctionnalité *breadcrumbs*.	5	2	4	6	1
10	Incompréhension du but et du fonctionnement des facettes ontologiques.	5	2	4	6	1
11	Langues des ontologies non indiquées à l'utilisateur.	5	2	4	6	1
12	Mauvaise dénomination du menu *facettes ontologiques*.	10	4	2	6	1
13	Incohérence des résultats obtenus dans les widgets et dans les facettes ontologiques.	3	1	4	5	2
14	Mauvaise visibilité de la méthode d'accès au résultat complet (plein texte, etc.).	5	2	3	5	2
15	Pas de résultats livrés par les facettes ontologiques, car la recherche se fait par expression exacte.	4	2	3	5	2
16	Lenteur du système.	7	3	2	5	2
17	Mauvaise visibilité et mauvais emplacement de la barre de recherche principale.	6	2	2	4	2

No	Problème	Fré-quence d'appari-tion	Indice de fré-quence (1-4)	Indice de gravité (1-4)	Somme des 2 indices (2-8)	Niveau de priorité (1-3)
18	Icônes peu explicites et peu compréhensibles.	3	1	3	4	2
19	Affichage des résulltats dans les widgets trop petit et peu lisible.	3	1	3	4	2
20	Erreurs linguistiques dans l'interface française.	5	2	2	4	2
21	Textes trop petits et titres trop peu visibles.	4	2	2	4	2
22	Nombre de résultats affichés dans les widgets peu visible et peu compréhensible.	3	1	2	3	3
23	Pas de présentation des widgets.	2	1	2	3	3
24	Message d'erreur dans le widget Swissbib.	2	1	2	3	3
25	Présence de barres obliques inversées intruses dans les résultats des widgets.	1	1	2	3	3
26	Superposition des menus contextuels de Firefox et de RODIN dans le mode « plein écran » de la représentation graphique.	1	1	2	3	3
27	Couleurs: trop pâles, trop faibles contrastes.	5	2	1	3	3
28	Taille des widgets trop petite ou occupant trop d'espace en largeur sur de petits écrans.	5	2	1	3	3
29	Mauvaise dénomination des widgets	5	2	1	3	3
30	Variation peu logique des tailles et des polices.	3	1	1	2	3
31	Aspect visuel général peu attrayant.	2	1	1	2	3
32	Navigation pénible dans le schéma de la représentation graphique.	2	1	1	2	3
33	Peu d'utilité de la représentation graphique pour une recherche.	2	1	1	2	3
34	Mauvaise qualité du logo de RODIN.	2	1	1	2	3

No	Problème	Fré-quence d'appari-tion	Indice de fré-quence (1-4)	Indice de gravité (1-4)	Somme des 2 indices (2-8)	Niveau de priorité (1-3)
35	Ajout d'un widget: le nouveau widget se place en haut à gauche et les autres se décalent vers le bas.	1	1	1	2	3
36	Message superflu de la part de RODIN quand un breadcrumb déjà existant est ajouté (notamment lors d'un ajout de groupe).	1	1	1	2	3
37	Mauvais emplacement des breadcrumbs.	1	1	1	2	3
38	Hiérarchie des termes trop peu visible dans la représentation graphique.	1	1	1	2	3
39	Représentation graphique trop peu interactive.	1	1	1	2	3
40	Effets de la modification de l'affichage des résultats dans les widgets peu compréhensibles.	1	1	1	2	3
41	Trop peu de catalogues de bibliothèques dans les widgets.	1	1	1	2	3
42	Lien du logo de RODIN erroné.	1	1	1	2	3
43	Mauvaise interactivité du site.	1	1	1	2	3